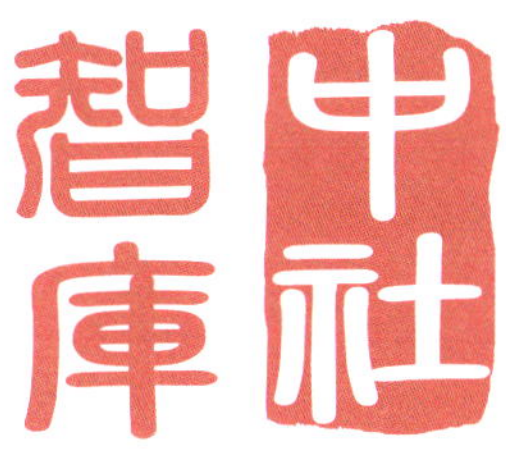

新时代智库出版的领跑者

中社智库

国家智库报告（2021）
National Think Tank (2021)

后疫情时代加强深圳与欧洲合作研究

STRENGTHENING SHENZHEN-EU COOPERATION
IN THE POST-PANDEMIC ERA

吴白乙　刘作奎　等著

中国社会科学出版社

图书在版编目(CIP)数据

后疫情时代加强深圳与欧洲合作研究／吴白乙等著.—北京：中国社会科学出版社，2021.10

(国家智库报告)

ISBN 978－7－5203－9308－9

Ⅰ.①后… Ⅱ.①吴… Ⅲ.①国际合作—经济合作—研究—深圳、欧洲 Ⅳ.①F150.54

中国版本图书馆CIP数据核字(2021)第223298号

出 版 人 赵剑英
项目统筹 王 茵 喻 苗
责任编辑 范晨星
责任校对 夏慧萍
责任印制 李寡寡

出 版 中国社会科学出版社
社 址 北京鼓楼西大街甲158号
邮 编 100720
网 址 http://www.csspw.cn
发 行 部 010－84083685
门 市 部 010－84029450
经 销 新华书店及其他书店

印刷装订 北京君升印刷有限公司
版 次 2021年10月第1版
印 次 2021年10月第1次印刷

开 本 787×1092 1/16
印 张 11.5
插 页 2
字 数 110千字
定 价 65.00元

摘要： 经过40多年的快速成长，深圳由一个地处南海前沿的小镇，变身为集现代制造、交通物流、金融服务和文化创意等产业优势的重要国际门户；它从最初以外来加工业为主的经济特区，成为国家前沿科技成果和高新产业的主要集散地，其战略新兴产业在国内生产总值占比、财政支出中科技投入占比和每千人中研发人员数量均位列全国第一；它始终秉持“开放、包容、多元、创新”的文化理念，承担起为国家改革开放探索先行的使命。2019年7月，中央全面深化改革委员会第九次会议审议通过了《关于支持深圳建设中国特色社会主义先行示范区的意见》，再次赋予深圳在国家发展新的历史时期面向世界、面向未来、面向创新发展的“排头兵”定位。正是基于这一认知，中国社会科学院欧洲研究所选择深圳作为开展2020年国情调研的目的地，并在具体策划过程中接受深圳市政府有关部门的委托，开展在“后疫情时代加强深圳与欧洲合作”专题研究，以达到带着问题推进学习调研，通过扎实求证和解决问题，更好地服务国家和地方经济社会发展，推动高水平对外开放之成效。专题调研活动得到了深圳市政府、企业、高校、智库等各方面的指导和支持，欧洲研究所诸位同事不仅由此获取了丰富的信息和先进的经验，加深了对改革开放伟大事业的理解和信心，也亲身体会到深圳这座年轻的特大城市的巨大潜力和蓬勃生机，并为这里的人们敢为、争先的精神气质所感动。

本报告力求集中回应深圳各方对于更好推动与欧洲务实合作，构建更加全面、立体和多维度的对外合作新格局的关切，通过聚焦英国、法国、德国、意大利和中东欧国家产业发展比较优势及合作需求，研判开展后疫情时代深欧合作的机遇和挑战，并为此提出具体的推进思路及政策建议。

本报告首先立足欧洲总体的政治经济社会形势，特别是疫情下的欧洲形势特征与发展趋势，以及中欧合作总体格局和中欧产业合作的空间，然后分析深欧合作的时代背景、现状和难点以及潜力，特别是在产业领域的潜力，最后基于疫情时期的欧洲形势与深欧合作潜力提出有针对性的合作议题、领域，以及深欧对接合作的思路和路径。具体来看，本报告包括欧洲总体形势及深欧合作的机遇、深圳与英国科技合作、深圳与法国科技合作以及竞争力集群发展经验、深圳与德国数字领域的合作、深圳与意大利科技合作、深圳与中东欧国家合作等几个方面。深圳要建设好中国特色社会主义先行示范区，创建社会主义现代化强国的城市范例，形成全面深化改革、全面扩大开放新格局，必须积极利用国际国内两个市场、两种资源，重视与欧洲开展多层次、多领域的务实合作。

总的来看，本报告既突出科技合作的潜力分析，也关注人文教育等领域的合作方向，既注重对欧洲总体形势的分析和研判，也突出了欧洲国别区域的发展特点及科技优劣势，尤其是欧洲大国（如英、法、德、意）与深圳合作潜力，以及欧洲重要区域（如中东欧）与深圳合作的机遇、潜力，并提出有针对性、可操作性的合作思路与具体建议，从而助力深圳深化全方位对外开放，不断提高“引进来”的吸引力和“走出去”的竞争力。

关键词： 后疫情时代；深欧合作；中欧关系

Abstract: After more than 40 years of rapid growth, Shenzhen has transformed from a small town located at the forefront of the South China Sea to an international gateway with competitive superiority in modern manufacturing, transportation and logistics, financial services, and cultural and creative industries. Originating from a special economic zone focused on processing industries, Shenzhen has now become a national center for cutting-edge scientific and technological achievements as well as high-tech industries. The proportion of strategic emerging industries in its GDP, the percentage of investment on science and technology in its fiscal expenditure and the number of R&D personnel per thousand people all rank first in the country. Adhering to the cultural concept of "openness, tolerance, diversity, and innovation", Shenzhen has undertaken the mission to explore the country's reform and opening up as a pilot. In July 2019, the 9th meeting of the Central Committee for Deepening Overall Reform deliberated and approved the "Guideline on supporting Shenzhen in building a pilot demonstration area of socialism with Chinese characteristics". This once again positioned Shenzhen as the country's vanguard towards the world, the future and innovative development in the new historical period of national development.

Based on these, the Institute of European Studies of Chinese Academy of Social Sciences selected Shenzhen as the destination for the 2020 investigation of national state of affairs, and accepted the entrustment of Shenzhen municipal government to carry out a special study on the topic of "Strengthening Cooperation between Shenzhen and the Europe in the Post-Pandemic Era". It aims to better serve national and local economic and social development and promote high-level opening up by conducting sound and problem-oriented research. This special study has received guidance and support from Shenzhen municipal government, enterprises, universities, think tanks and other parties. Researchers from the Institute of European Studies of Chinese Academy of Social Sciences have not only gained a wealth of information and advanced experience, but also deepened their understanding and confidence for the great cause of reform and opening up. Moreover, researchers have seen firsthand the huge potential and vigorous vitality of Shenzhen as a young megacity and are impressed by the courage of Shenzhen people to fight and their fortitude to win.

This study strives to respond to the concerns of related parties in Shenzhen to better promote pragmatic cooperation with the Europe and build a new comprehensive and multi-layered framework for international cooperation. Focusing on the comparative advantages of the United Kingdom, France, Germany, Italy, and Central and Eastern European countries in industrial development and their needs to cooperate, this study investigates the opportunities and challenges to advance Shenzhen-EU cooperation in the post-pandemic era, and therefore puts forward concrete ideas of co-operation and policy recommendations.

Firstly, this study analyses the overall political, economic and social situation in Europe, in particular its characteristics and trends under the pandemic, the general framework for Sino-EU cooperation, and the prospects of Sino-EU industrial cooperation. Then, the historical background, status quo, difficulties and potential of Shenzhen-EU cooperation, especially in the field of industries, are investigated. Finally, based on the above work, targeted topics and fields for Shenzhen-EU cooperation are proposed, as well as ideas and paths for conducting cooperation. In detail, this study is consisted of reports about the overall situation in Europe and the opportunities for Shenzhen-EU co-operation, Shenzhen-UK scientific cooperation, Shenzhen-France scientific cooperation and France's experience in raising poles of competitiveness, Shenzhen-Germany cooperation in the digital field, Shenzhen-Italy scientific cooperation, and Shenzhen's cooperation with Central and Eastern European countries. To build itself into a pilot demonstration area of socialism with Chinese characteristics and an exemplar city of a great modern socialist country, to develop a new pattern towards deepening overall reform and expanding opening up, Shenzhen should fully utilize both domestic and international markets and resources, and attach importance to carrying out multi-layered, multi-field and pragmatic cooperation with the Europe.

In general, this study highlights the potential in Shenzhen-EU scientific cooperation as well as their cooperation opportunities in the area of culture and education. It conducts not only analysis of the overall situation in Europe but also country-specific studies regarding the development characteristics of specific countries along with their technological advantages and disadvantages. Particularly, this study emphasizes Shenzhen's cooperation potential with those leading European countries (such as the United Kingdom, France, Germany and Italy) as well as certain important European regions (such as Central and Eastern Europe), and proposes targeted and operable ideas of cooperation and specific suggestions accordingly. This will help

Shenzhen deepen its all-around opening up and continuously improve its attractiveness of "bringing in" and competitiveness of "going global".

Key words: the Post-Pandemic Era; Shenzhen-EU cooperation; China-EU relations

目　　录

一　欧洲总体形势判断

（一）疫情下的欧洲政治社会形势

2020年以来，欧洲政治进入了疫情政治主导的阶段。目前，欧洲疫情有所好转，但仍持续蔓延。新冠肺炎疫情是一个放大器，使人们可以更清晰地窥探欧洲政治经济社会形势；它也是一个加速器，加快了欧洲政治社会发展的趋势。疫情进一步弱化了欧洲治理能力和治理体系，公共卫生治理机制不完善、治理有效性有限、治理能力不足等加剧了欧盟既有的政治挑战。同时，疫情重塑了欧洲政治议程，使其让位于疫情相关的议题，并且进一步分化了欧洲一体化进程。但是，疫情尚不会从根本上改变欧洲政治社会格局。

1. 疫情未从根本上改变欧洲政治格局

（1）疫情未能为民粹主义势力带来更大动力

欧洲右翼民粹主义政党的支持率并未出现急剧上涨，甚至有弱化趋势。除波兰、匈牙利等国，右翼民粹主义政党未能上台执政，无法满足民众在危机时期对执政经验的需求。欧洲多国右翼民粹主义势力希望再掀“疑欧”浪潮，如借疫情蔓延和难民问题升级打击民众对欧盟以及欧洲一体化的信心，呼吁关闭边界，强化民族主义和国家主义的理念。其间，多个国家举行了多次抗议活动，如法国出现大规模游行示威活动，包括抗议推迟退休年龄、反对“整体安全法”和呼吁结束警察暴行；德国等其他国家出现大规模的反防疫游行活动，抗议新冠限制措施。[①] 但是，这并未真正冲击到欧洲现有政治生态。2020 年 11 月，欧洲网站 Politico 发布的民调显示，法国右翼民粹主义政党国民联盟的支持率稳定在 25% 左右，西班牙的声音党支持率维持在 16% 左右。尽管基尔特·威尔德斯领导的荷兰自由党支持率有所上升（约 22%），但荷兰第一大党仍是自由民主人民党，支

---

① Pawl Zerka，“Why populism in Europe will survive Trump's defeat”，November 10，2020，ECFR，https：//ecfr. eu/article/why - populism - in - europe - will - survive - trumps - defeat/.

持率上升到37%。[①] 北欧的民粹主义政党芬兰人党和瑞典民主党支持率稳定在20%，但芬兰和瑞典的第一大党仍是中左翼的社会民主党。意大利联盟党的支持率从32%下降到24%，领先优势有所下降，但是极右翼的意大利兄弟党支持率上升较快，从2019年6月的7%上升到2021年5月的19%。2021年1月13日，意大利前总理马泰奥·伦齐退出执政联盟。随后，意大利总理孔特提出辞呈希望重组政府，但未能达到绝对多数的支持。2月3日，欧洲央行前行长马里奥·德拉吉担任意大利总理。2021年4月的民调显示，德国选择党的支持率下降到10%—11%，扭转了2019年德国州议会选举后的奋起直追态势。

（2）**疫情使得欧洲执政党获得新的权威**

疫情暴发之后，大政府的回归是事实。一般而言，面对危机，现政府将会利用危机提升治理和规制能力。[②] 但是民众对政府的行动能力也颇为不满，甚至对政府失去信任。有些民众强烈不满政府的限制措施，如宵禁、关闭酒吧和餐馆等。欧洲智库“欧洲外交关系协会”的民调显示，只有29%的受访者对其政府有更大信心。欧洲国家之间的差距也较大，比如60%的

---

① https：//www. politico. eu/europe – poll – of – polls/#97628.

② 谢伏瞻主编：《中国社会科学院国际形势报告2021》，社会科学文献出版社2021年版。

丹麦受访者对其政府的信心更高，61%的法国受访者对政府的表现持负面看法。[①] 但总的来看，欧洲国家的执政党在应对疫情过程中获得了新的权威，维持了既有的政治格局。

其一，部分欧洲国家2020年大选的结果是现政府获得连任。2020年7月5日，克罗地亚举行大选，克罗地亚民主共同体在议会选举中赢得多数席位，由于未超过半数席位以上，民主共同体与少数族裔代表和小党派结成执政联盟，安德烈·普连科维奇连任总理。同月，波兰举行大选，由于候选人在首轮得票率未超过50%，在经过二轮选举后，安杰伊·杜达领导的执政党法律与公正党以微弱优势获得连任。原定于4月举行的塞尔维亚议会选举改期到6月，但由于计数出错，7月1日重新投票。塞尔维亚总统亚历山大·武契奇领导的塞尔维亚进步党获得超过60%的选票，赢得议会多数席位。

其二，执政党的支持率都获得了不同程度的提升。2020年11月的民调显示，德国执政党基民盟支持率上涨，从3月份的27%上涨到11月份的35.9%，超过社民党（16%）和绿党（18%）的总和。根据2021

① Ivan Krastev and Mark Leonard, "Europe's pandemic politics: How the virus has changed the public's worldview", ECFR, June 24, 2020, https://ecfr.eu/publication/europes_pandemic_politics_how_the_virus_has_changed_the_publics_worldview/.

年5月的民调，德国绿党的支持率上升到23%，接近基民盟（25%）。2020年4月，英国首相鲍里斯·约翰逊领导的保守党的支持率超过50%，遥遥领先于工党，甚至高出2019年12月大选支持率的10%。波兰出现大规模游行示威活动，抗议宪法法院的反堕胎裁决，导致波兰执政党法律与公正党的支持率有所下降，从47%下降到34%，但该党在民调中仍处于领先低位。匈牙利执政党青民盟的支持率维持在50%左右，遥遥领先于其他政党。法国地方市镇选举（每6年举行一次）激起一些涟漪，马克龙领导的共和国前进党表现不佳，法国绿党异军突起，在里昂、马赛、波尔多等城市取得胜利。法国总理菲利普辞职，让·卡斯泰被任命为法国新总理。但是共和国前进党的支持率仍以微弱优势领先。

其三，部分欧洲国家大选出现了政权更迭。2020年2月，斯洛伐克举行议会选举，反对党普通人与独立人格党获得胜利，伊戈尔·马托维奇担任总理。2月28日，爱尔兰举行大选，但是没有一个政党在众议院中拥有超过半数席位，共和党、统一党和绿党围绕组建联合政府的博弈和新冠肺炎疫情导致新政府迟迟无法完成。6月27日，爱尔兰共和党领导人米歇尔·马丁成为新一届联合政府总理。值得注意的是，左翼的新芬党获得37个席位，成为议会第二大党。10月

25 日，立陶宛举行大选，立陶宛祖国联盟、自由运动和自由联盟 3 个政党组成“新执政联盟”，因格丽达·希莫尼特担任总理。[①]

2. 疫情重塑了欧洲政治议程

新冠肺炎疫情在某种程度上重塑了欧洲政治议程，使其让位于疫情政治。从议程设置来看，欧盟及其成员国的政治优先议程让位于疫情相关的议题。疫情还进一步分化了欧洲一体化进程，影响到欧洲国家的内政和外交议题。

疫情发生后，欧洲国家的应对方式存在较大差异性。但是大部分欧洲国家在疫情议题上过度政治化，带有民族主义和国家主义的倾向，显然不利于公共卫生治理领域的合作。疫情成为新一轮政治化的焦点，大多数跟疫情相关的议题陷入政治化的窠臼中。疫情背后体现的是民粹主义者与合作主义者、民族主义者与世界主义者、单边主义者与多边主义者的对立。疫情政治化只会分化国内社会民意和政治生态，并动摇国内及国际秩序。此外，这也促使决策者采取趋利避害和投机性政策，只对选票负责，而不是对民众负责。

① 《立陶宛总统任命新总理》，2020 年 11 月 25 日，新华网，http：//www.xinhuanet.com//world/2016 -11/23/c_ 1119974202.htm。

从成员国层面来看，疫情暴发之初，许多欧洲国家的反应是关闭国界、实行出口管制，与欧洲单一市场的规定相抵触。大部分受访民众认为欧盟应对疫情的表现不佳，并且对欧盟机构的态度有所恶化。2020年6月，丹麦、法国、西班牙、比利时和波兰对欧盟应对疫情的反应提出质疑，呼吁欧盟提高对疫情的防范能力。约有48%的受访者认为新冠肺炎疫情会使得欧洲更加团结，认为欧盟需要进一步合作来应对疫情，同时他们认可民族国家在应对疫情过程中的重要性，而仅有16%的受访者认为疫情会带来欧洲分化。[①] 约有45%的受访者认为欧洲一体化应该深化，39%的受访者认为欧洲需要更高程度的差异性一体化。随着疫情的蔓延，欧洲内部协调得到加强，但仍谈不上“欧洲团结”。从2020年7月1日起，德国担任为期半年的欧盟理事会轮值主席国。疫情危机导致大部分议程搁置或者调整，德国不得不调整了原来的政策优先次序，成为疫情下的轮值主席国。德国担任轮值主席国的政策重心以欧洲内部议题为主，对外关系议题为辅。默克尔在欧洲议会的讲话中强调，“基本权利、凝聚力、气候变化、数字化以及欧洲在世界上的责任”是

① High hopes, “low expectations - Brussels’ perspective on the future of Europe after COVID - 19”, European Policy Center, October 26, 2020, https://www.epc.eu/en/Publications/High - hopes - low - expectations ~ 386b5c.

德国和欧洲面临的五大重要任务。[①] 从内容上来看，德国担任轮值主席国的两大任务分别是遏制疫情带来的负面影响和提振欧洲一体化进程。

从欧盟层面来看，新一届欧盟委员会上台伊始，出台了一系列发展举措和战略部署，期望尽快完成各种顶层制度和政策设计，并加快落实。但是新冠肺炎疫情暴发后，欧盟不得不调整既有的战略设想，搁置尚未出台的政策。欧盟委员会主席冯德莱恩的欧盟议程变得更为内向聚焦，把绿色产业、数字产业、卫生战略物资供应捆绑在一起，加强产业链整合，推动产业复兴和产业链调整。2020 年，欧洲理事会一般会议和特别峰会讨论的主题主要是协调欧盟应对新冠肺炎疫情，包括限制病毒传播、提供医疗设备、促进疫苗研究、应对疫情带来的经济社会后果等。[②]

3. 疫情加剧成员国之间的差异性，欧洲政治裂痕仍存

目前来看，疫情尚未在欧洲造成新的政治分裂。

① “Angela Merkel presents German Presidency priorities to the European Parliament”, European Parliament, July 8, 2020, https://www.europarl.europa.eu/news/en/press-room/20200706IPR82712/angela-merkel-presents-german-presidency-priorities-to-the-european-parliament.

② European Council, “Video conference of the members of the European Council”, March 10, 2020, https://www.consilium.europa.eu/en/meetings/european-council/2020/03/10/.

疫情暴发之前，欧洲政治格局中主要存在亲欧的欧洲主义者与疑欧的民族主义者之间的裂痕。疫情暴发之后，欧洲两大阵营的平衡出现了一定程度的改变，从民族主义占优的疫情防控措施到欧洲主义占优的经济复苏计划。但是，欧洲政治格局中并未出现哪一个阵营的胜出，而是两者糅杂在了一起：一方面，欧洲一体化是保持民族国家地位的重要途径；另一方面，欧洲在大国竞争中需要加强战略主权。这就造成欧洲内部的合作维度上升和欧洲外部的竞争维度上升。民众从一个民粹主义政党转向另一个民粹主义政党，从一个主流政党转向另一个主流政党，也就没有从根本上改变欧洲主流政党与民粹主义政党之间的平衡。

合作与冲突维度更加凸显，成员国之间的裂痕在加深，机构间的合作在减弱。欧洲国家根据疫情进展和风险评估采取差异化的策略，存在宽松或严格、经济复苏为主导或公共卫生优先、尊重四大自由或采取边境管制等不同路径。总的来看，疫情与经济之间的权衡是备受关注的政治决策议题。每个欧洲国家都拥有各自的治理结构（行政能力、医疗资源、民众配合度）和风险评估哲学，但是无论采取哪种措施，最重要的都是统筹推进疫情防控和经济社会发展工作，努力重新振兴经济，恢复正常的经济社会运行秩序。

在疫情浪潮的冲击下，欧洲面临很大压力，病毒传播快、医院负担重，欧盟需要采取更加集中的方法以取得快速有效的结果。为此，欧洲成员国必须就自我隔离和检疫的规则达成共识，如欧盟成员国期望协调旅行指南，包括检测和检疫等建议。[①] 但是，目前大量基本的规定都完全掌握在成员国或地方卫生部门的手中，如佩戴口罩的规则、社交聚会的限制、学校或企业是否关闭等。因此，疫情危机的主要教训是，如果欧洲层面缺乏有效的协调以及权力转移，就无法实现欧洲为应对危机挑战的协作和集体行动。恐惧是人类对任何威胁的自然反应。随着我们对新冠肺炎疫情的认识越来越完善，人们可以逐渐克服恐惧和不安全感，并减少不确定性。当然，理论与实践之间始终存在差距，尤其是政策制定与政策执行之间存在差距。真正的团结与协作对于应对包括新冠肺炎疫情在内的共同威胁至关重要。

疫情对欧洲经济冲击极大，欧盟统计局数据显示，欧元区 19 国 2020 年国内生产总值（GDP）较前一年下滑 6.8%，部分国家经济下滑更为严重。为了扶持受疫情影响的国家和行业以及促进经济复苏，总额达 7500 亿欧元的欧洲复苏基金与额度达 1.074 万亿欧元的 2021—2027 年多年度财政预算框架将挂钩，

---

① https：//ec. europa. eu/info/sites/info/files/communication_ – _short – term_ eu_ health_ preparedness. pdf.

这意味着欧盟未来几年的财政支出总额将超过 1.82 万亿欧元。同时，欧盟设计重振经济的路线图，将加强各国间的协调与合作。这会迫使欧盟不得不将有限的精力聚焦到有限的优先重点方面，战略收缩已成必然。

（二）中欧关系仍处合作战略机遇期

欧盟对华外交战略进入新一轮调整期，呈现出合作、竞争、对抗的复杂多元特征。整体来看，中欧面临更为复杂和困难的政治环境，既内嵌于大国博弈和地缘政治竞争重新占据国际舞台的国际环境，又深受欧盟及其成员国内部政治社会变化的影响。

1. 中欧关系总体稳定，对华政策的“两面性”更加明显

欧洲希望与中国加强合作的同时疑虑亦增加。中国与欧洲大国的关系是中欧关系的重要支撑。中德经济深度依赖会使双方未来合作保持稳定，但 2021 年德国大选为德国政局和中德关系带来不确定性。马克龙务实外交将继续保持中法合作态势，但也受到中欧与中美关系的影响。约翰逊政府陷入脱欧泥潭，保守党内部分化进一步影响对华政策。在中国—中东欧国家

合作遇到一定程度阻碍的情况下，中东欧国家的政策动态对中欧关系的稳定发展更为重要。匈牙利、希腊、塞尔维亚等国对华友好度不减，但波兰、捷克等国的民间力量对华偏见较重。

自1975年建交以来，中欧关系总体呈现稳定态势，保持了合作为主导的基调，尤其是经贸领域的合作。比如，中欧贸易总额在2019年达到7051.1亿美元，为1985年贸易额的49.3倍。目前，中国是欧盟第一大货物贸易伙伴，欧盟是中国第二大货物贸易伙伴。因此，中欧经贸关系是中欧全面战略伙伴关系的最重要组成部分。此外，中欧磋商和对话机制涵盖政治、经贸、人文、科技、能源、环境等数十个领域。但是，随着欧盟内部和外部局势的变化，欧盟对华外交战略和政策层面进入了重大调整期。总的来看，欧盟对中国的定位变得日益多样和强硬，中欧分歧也不断增大。比如，2016年和2017年的中欧峰会未能就联合声明达成一致，这是双方建立领导人年度会晤机制以来从未出现的状况。2019年3月12日，欧盟委员会发表新的对华政策文件《欧盟与中国——战略前瞻》将中国界定为合作伙伴、谈判伙伴、经济竞争者和系统性对手。其中，系统性对手的定位系首次出现在欧盟对华政策文件中，突出了中欧关系在合作与竞争关系之外的对立和对抗性。[①] 但是，与美国更倾向于把中国视为竞争者和威胁不同，欧盟和其主要成员国目前还把中国视作机遇和伙伴。比如，2016 年，《欧盟对华战略新要素》仍明确表示愿与中国在全球和地区事务等诸多领域发展灵活多样的伙伴关系。

2. 中欧关系杂音会存在，中欧合作机遇与挑战并存

欧盟对中国一直采取建设性接触为主的外交战略，希望通过经贸接触从中国快速发展中获得经济利益。但欧盟“同化”中国的期望与现实的差距很大，中国非但没有被欧洲同化，反而坚持走中国特色社会主义道路，“中国经验”“中国智慧”在全球受到越来越多的关注。同时，中国在国际和区域治理领域积极作为，全球影响力不断提升。这一方面让欧盟担心中国会在现有国际秩序下“另起炉灶”，甚至干扰欧盟规制的实施，破坏欧盟内部的团结；另一方面，中国影响力的不断增强，也从客观上导致了欧盟影响力的相对下降。因此，中欧力量对比的变化导致欧盟对中国的战略和政策定位的变化。

---

① European Commission, “EU – China Strategic Outlook: Commission and HR/VP contribution to the European Council”, March 21 – 22, 2019, https://ec.europa.eu/info/publications/eu – china – strategic – outlook – commission – contribution – european – council – 21 – 22 – march – 2019.

中欧实力对比变化扩展了中欧竞争的维度。国际结构因素的变化还体现在新兴经济体与传统经济体的力量对比，其中最大的变化是中国综合实力大幅度提升和以欧美为代表的传统西方大国的相对下降。目前，中国是全球第二大经济体、最大的贸易国、第二大对外投资国。从 20 世纪 90 年代到 2018 年，中国、欧盟和美国占世界 GDP 的比重从 57% 仅上升了 1%，达到 58%，但中国所占份额从 11.6% 上升到 16%。具体到中欧经贸关系，2020 年前 7 个月，欧盟 27 国与中国进出口总额为 3287 亿欧元，使得中国首次成为欧盟第一大贸易伙伴。[①] 同时，中国成为欧盟不少产业最重要的供应商和消费市场。这仅仅是中欧经济总量相对变化的体现，并未反映出近年来中国在关键行业和高科技领域的追赶状态。中国企业的竞争力给欧洲带来极大压力。

在具体政策领域，欧盟对华战略定位调整所带来的变化更为明显。在投资领域，欧盟于 2019 年通过了《欧盟外资审查框架法案》，从 2020 年 11 月进入全面实施阶段。欧盟可以利用国家安全等理由将中国投资拒之门外。2020 年 6 月，欧盟委员会又通过了一份旨

① 《中国首次成为欧盟第一大贸易伙伴，中欧各界对双边经贸合作充满信心》，《人民日报》2020 年 10 月 28 日，http://www.gov.cn/xinwen/2020-10/28/content_5555176.htm。

在限制外国补贴对欧盟单一市场造成不利影响的“防范外国企业不公平竞争白皮书”，并在2021年启动相关立法程序。同时，欧盟也对中国在关键交通和数字基础设施领域的投资表示担心，特别是针对中国通过“一带一路”和“中国—中东欧国家合作”机制对欧盟境内的重要港口、铁路等的投资。此外，欧盟在2020年年初发布了“5G网络安全工具箱”，强调虽然国家安全是各成员国自己的责任，但欧盟成员国应共同协调应对5G网络的安全风险。

在经贸领域，欧盟担心中国在钢铁、化工、太阳能、电动汽车等行业的产能会对欧盟的相关行业产生冲击，同时担心会过度依赖于中国部分工业原材料和制成品。因此，欧盟增强了贸易保护力度，不断强调与中国经贸关系的对等性，敦促中国“扩大市场准入，强化知识产权保护”，并让欧盟企业在中国受到同等待遇。新冠肺炎疫情刺激了欧盟试图减少在产业链和出口市场上对中国的过度依赖，这在德国政府2020年7月公布的《担任轮值主席国工作纲要》中有充分的体现。2020年10月，在德国经济亚太委员会论坛上，包括德国总理默克尔在内的德国经济和工商界甚至发出了减少对中国市场依赖的声音。此外，虽然美国被欧盟视为国际贸易规则的破坏者，但中国也同样被欧盟渲染为国际贸易规则的“破坏者”。欧盟的贸易保护手段更多是通过改变投资贸易规则，采取更高的市场、社会、环保、安全等标准或规则来增强欧盟企业的竞争力。

3. 中欧人文交流合作有序推进

“国之交在于民相亲，民相亲在于心相通。”这句话很好地诠释了人文交流在国际关系中的基础性作用。中欧既存在传统的外交关系（经济与政治维度），也存在人文外交维度，如公共外交、文化外交与城市外交等。人文外交既包括浅层的人员和文化互动，也包含深层的价值观构建。中欧之间有着丰富的人文交流平台和机制，包括中欧、中德、中法、中英高级别人文交流对话机制等，内容涉及教育、科技、文化、卫生、媒体、妇女、体育、青年、旅游等多个领域。欧洲文化产品贸易发展迅速，从 2008 年对全球的贸易逆差 20.68 亿欧元转为 2015 年的贸易顺差 27.86 亿欧元，这意味着欧洲文化产品进出口比率从 0.8% 上升到 1.2%。2014—2019 年，欧盟 27 国文化产品出口年增长率为 4.3%，进口为 5.9%。珠宝、唱片和艺术品是 2019 年欧盟 27 国贸易顺差的最大贡献产品类型。[①] 当

① Eurostat, Culture statistics - international trade in cultural goods, December 2020, https://ec.europa.eu/eurostat/statistics-explained/index.php?title=Culture_statistics_-_international_trade_in_cultural_goods&oldid=428457#Cultural_trade_2014-2019_at_EU-27_and_national_level.

经济与文化战略对接得越自然时，两者就都越能“低成本、高效率”。这样不仅在资源上实现节约、互补和共享，还可以使故事讲得更顺理成章、自然而然。

总的来看，突如其来的新冠肺炎疫情导致欧盟不得不调整既有的战略设想，搁置尚未出台的相关政策。以德国和法国为首的核心国家力图在欧盟的稳定与平衡中发挥核心作用，但只有其他成员国从疫情中得以恢复，欧洲才能真正实现经济复苏。而疫情的全球大流行让人们认识到只有全面加强国际合作，才能赢得这场人类同重大传染性疾病斗争的最终胜利。战胜疫情是中欧双方共同的迫切愿望，不管是疫情防控还是疫后经济恢复，欧盟都会更加需要加强和中国的合作，共同推动构建人类卫生健康共同体，以强化全球战疫的信心。但是，鉴于中国与欧盟在政治体制和治理方式上的不同，中国的快速发展可能使欧盟认为其主张维护自由主义国际秩序的外交政策，以及欧盟强调的经济理念与提供的秩序遭到挑战。此外，当欧盟无法提供令人信服的秩序理念，使得欧盟无法承担规范议程设定者的角色时，与中国在战略重合区域的合作与竞争将日益增加。在欧美协调进一步强化的过程中，中欧关系的复杂性、多面性、竞争性维度将继续上升。

（三）欧洲产业优势助推中欧产业合作

新一届欧盟委员会出台了一系列经济发展举措和战略部署。气候、数字技术和地缘政治的变化已经对欧洲生活方式产生了深远影响。全球权力结构和地区政治都出现了重大转变。欧盟委员会需要从制度和政策上应对全球和地区新变化带来的挑战和机遇。[①] 冯德莱恩领导的新一届欧盟委员会将引领欧盟未来五年（2019—2024 年）的发展方向与施政路线。冯德莱恩的施政纲领包括六大优先事项：绿色新政、为民众服务的经济、适应数字时代的欧洲、世界上更强大的欧洲、促进欧洲生活方式和深化欧洲民主。

中国的创新、协调、绿色、开放、共享的新发展理念和欧盟的可持续转型目标之间有不少相通和互补之处，双方完全可以成为促进发展范式转型的改革伙伴。欧盟与中国都在推动新发展范式的转型，以使得经济发展变得更加包容、绿色、可持续。气候、数字技术的变化已经对欧洲生活方式产生了深远影响。中欧双方在以上领域的合作意愿较强，并在 2020 年 9 月

① 贺之杲：《新一届欧盟委员会的经济重心与调整》，《国际融资》2020 年第 6 期。

的中欧领导人峰会上达成了打造中欧绿色伙伴、数字合作伙伴关系的意愿。

1. 欧洲国家具有多种产业优势

产业结构转型是欧洲经济转型的核心内容之一。作为欧洲经济结构核心内容的产业结构，始终处于自身积累的“内生动力”与竞争环境变化带来的“外力”共同作用的发展过程中，其整体趋势则由不同时点上内外力的方向与强度对比所共同决定。西欧国家在医药、机械、交通运输设备、化学等领域具有较强国际竞争力。北欧国家在造纸、汽车、通信、绿色环保等领域优势明显。南欧国家优势较为多元，主要集中在家具业、机械制造、石油加工、烟草加工、有色金属、饮料业、服装业、木材加工等产业部门。中东欧国家在汽车产业、化工、能源、通信、加工制造等领域深度融入西欧（特别是德国）和北欧产业链布局。总的来看，德国是欧盟对华直接投资最多的国家，也是欧洲对华技术转让最多的国家。截至 2019 年 9 月底，中国从德国引进技术 25166 项，合同金额 862.7 亿美元。[①] 深德科技创新合作是未来合作重点，但欧洲

① 梅兆荣：《2019 年中德关系回顾：合作与矛盾并存》，2019 年 12 月 25 日，中国网，http：//views. ce. cn/view/ent/201912/25/t20191225_33977885. shtml。

其他国家产业结构也不乏亮点，可供深圳寻找合作机遇。

疫情加速本国产业链安全、自主的趋势。全球供应链将在新冠肺炎疫情后发生重大改变，中国将在其中起关键作用。欧洲在产业链上与中国“脱钩”将给成员国企业带来巨大负担，同时全球产业链从中国转移尽管有可能实现，但其过程是复杂、长期且代价巨大的。一方面，战略物资供应链易受供应短缺、技术进步、市场不完善、复杂或昂贵物流的影响，对中国的依赖并不完全是新冠肺炎疫情所引起的新问题。事实上，2018 年开始的中美经贸摩擦已推动企业和政府不得不采取措施来提高供应链可靠性。疫情只是加速了这种趋势，但产业链转移需要一定的条件和时间，短时间内并不容易完成。另一方面，较复杂的供应链很难找到可替代的供应商和物流商。药品和电子产品等的供应链非常复杂，牵涉的环节较多，相关企业在现实中难以真正实现供应链调整。诸如区块链、人工智能、自动化、机器学习、物联网之类的技术工具的应用，才是解决供应链脆弱性问题的关键，而所有这些都伴随着企业采用技术革新，包括远程工作、自动化、数字化发展到一定阶段才能实现。此外，各国政府和不同企业一直在采取不同的应对措施。各国政府的初始目标是提高战略产品的自给自足能力，但更长远的目标是提高国内制造业的总体份额（“本地化”），或增加区域份额（“区域化”）。企业需要重新设计供应链，使其在后疫情时代的世界中更加安全可靠。“可靠性”将取代“低成本”成为企业供应链管理的主要目标。为此，企业将不得不承担费用高昂而复杂的任务。具体包括：彻底了解其供应商的地理位置并加强与供应商的关系；更深入地了解新的消费习惯；加速数字转换工具以改进管理流程和降低风险。最重要的一点，公司需要获得供应商的详细信息并向消费者展示供应商的透明度。①

2. 欧洲经济衰退需要外部支持来缓解

欧洲经济增长内生动力不足及全球经济发展深层次矛盾给欧洲经济增长带来压力。第一，新冠肺炎疫情进一步加剧欧洲经济衰退趋势。欧元区 19 国 2020 年 GDP 较前一年下滑 6.8%，欧盟 27 国 GDP 下滑 6.4%。尽管国际货币基金组织预测 2021 年欧元区经济有望增长 4.2%，但短期内难以恢复到疫情之前水平。第二，疫情暴露了欧洲产业链的脆弱与依附性。欧洲产业链布局从“效率至上”转向“效率与安全并

① David Ramirez, COVID - 19: Global trade and supply chains after the pandemic, August 27, 2020, https: //www. iiss. org/blogs/research - paper/2020/08/covid - 19 - trade - and - supply - chains.

重至上”。第三，德国贝塔斯曼基金会2020年10月的研究表明，中欧汽车零部件、奢侈品、食品和饮料产品、机械和工业产品等产业合作基础牢固。①

新冠肺炎疫情动摇了国际贸易和供应链的根基，但中国在其中的作用仍是关键性的。第一，疫情给国际经济交往和供应链、产业链造成了前所未有的混乱。随着欧美继续采取疫情政治化、经贸安全化的话语叙述，全球供应链的混乱状况难以有本质改观。第二，疫情增加了相关领域的国内和全球需求。食品、饮料等一些供应链结构相对简单的企业，可以将生产转移到国内或距离较近的国家，但考虑到中国巨大的市场需求和相对较低的风险，这些国际企业的转移意愿很低。第三，中国成为全球需求的主要国际供应商。2020年，中国货物贸易进出口总值达32.16万亿元人民币，比2019年增长1.9%。其中，出口17.93万亿元，增长4%；进口14.23万亿元，下降0.7%；贸易顺差3.7万亿元，增加27.4%。② 其中，中欧进出口贸易总额为4.5万亿元，增长5.3%。

① Bertelsmann Stiftung, Survey: Europe's view of China and the US – Chinese conflict, October 2020, https://www.bertelsmann-stiftung.de/fileadmin/files/BSt/Publikationen/GrauePublikationen/eupinions_China_DA_EN.pdf.

② 《国务院新闻办就2020年全年进出口情况举行发布会》，2021年1月14日，国新办网站，http://www.gov.cn/xinwen/2021-01/14/content_5579875.htm。

3. 欧洲经济复苏与绿色、数字化密切关联

碳中和、数字主权是欧洲最优先施政议题，分别以数字经济领域的《人工智能战略》《人工智能白皮书》《通用数据保护条例》和《数字服务法》，绿色经济领域的《欧洲绿色协议》《欧盟氢能战略》《欧洲气候法》、欧洲绿色交易投资计划最具代表性。欧盟将在未来 30 年累计向氢能产业投入约 4700 亿欧元，创造出至少 540 万个就业岗位。绿色战略和数字战略都是欧洲进一步发展的关键，这将为深圳利用欧洲资金短缺切入欧洲经济复苏战略提供机遇。

绿色新政是欧盟的重大战略举措。2019 年 12 月 11 日，欧盟委员会发布“欧洲绿色协议”，提出欧洲要在 2050 年前建成全球首个气候中性大洲，新任欧盟委员会主席冯德莱恩主导的“绿色新政”就此拉开序幕。2020 年 9 月 17 日，欧盟委员会又出台《2030 年气候目标计划》，将 2030 年温室气体减排目标从 40% 提高至 55%，“绿色新政”的具体路径进一步明确化，同时《欧洲气候法》等相关法规的立法工作亦在紧锣密鼓推进中。

欧盟是全球经济绿色转型的先行者与领导者。2015 年 12 月，《巴黎气候变化协定》的达成意味着绿色经济成为全球发展的基本共识。尽管美国特朗普政

府退出《巴黎气候变化协定》，但拜登政府上台后的首要举措就是重返协定，这也说明绿色经济转型有其深远的战略考量。根据“复苏基金”的目标，欧盟除了刺激经济和增强其韧性外，还引导各国向绿色和数字化方向转型。预计疫情结束后，欧盟将根据市场和成本的原则，重新划定战略产业，把绿色产业、数字产业、卫生战略物资供应捆绑在一起，加强产业链整合，推动产业复兴和产业链调整。但欧盟缺乏足够的权限保障政策协调和有效治理，假如成员国不想让渡国家核心权力给欧盟，会出现一种乌托邦式的团结假象。

二　深圳与欧洲合作[①]的现状及问题

（一）深圳与欧洲合作的历史意义与时代背景

1. 深欧合作的历史意义

改革开放以来，深圳在党中央的坚强领导下，坚持解放思想、敢闯敢试、敢为人先，坚持社会主义市场经济的改革方向，坚持以发展为第一要务，充分发挥改革开放排头兵、先行地、试验区的作用，在坚持和发展中国特色社会主义事业中创造了深圳经验。深圳以改革红利、开放红利、政策红利、区域红利、人口红利为要素禀赋，累积比较优势，创造了从无到有的经济发展神话。当前，深圳经济体量跻身全国前列，

① 本报告深欧合作是指深圳与欧洲之间的交流与合作。

经济结构、产业布局、科技创新、头部企业、对外合作优势明显。

深圳的经济发展动力可归纳为内生性动力和外生性动力，既源于国家政策的大力支持，也源于发达的国际交往网络。党中央对深圳发展寄予厚望，国家政策不断投入，持续释放发展动力。2019 年 8 月 18 日，中共中央、国务院《关于支持深圳建设中国特色社会主义先行示范区的意见》（以下简称《意见》）正式发布。《意见》强调，到 2025 年，深圳经济实力、发展质量跻身全球城市前列，研发投入强度、产业创新能力世界一流；到 2035 年，深圳高质量发展成为全国典范，城市综合经济竞争力世界领先，建成具有全球影响力的创新创业创意之都；到本世纪中叶，深圳以更加昂扬的姿态屹立于世界先进城市之林，成为竞争力、创新力、影响力卓著的全球标杆城市。《意见》是在中国特色社会主义进入新时代、国内外形势发生了重大而深刻的变化背景下，党中央对深圳改革开放作出的重大战略部署，对深圳经济发展提出了更高要求。

粤港澳大湾区建设和“双循环”新发展格局对于深圳构建对外开放新格局、建设中国特色社会主义先行示范区意义非凡。相对而言，发达国家湾区发展成熟经验具有一定的参考和借鉴意义。无论是以“金融”为核心驱动的纽约湾区，以“科技”为核心驱动的旧金山湾区，还是以“产业”为核心驱动的东京湾区，其湾区经济建设主要围绕创新资源和金融资本等高端要素展开，而深圳在以上两个方面均具有一定的优势。

从创新资源角度看，世界经济史发展历程表明，每一次工业革命都会催生世界级湾区崛起，蒸汽革命带动了伦敦港崛起，电力革命带动了纽约湾崛起，信息革命则带来旧金山湾的崛起。当前，第四次工业革命正在全球蓬勃兴起，世界各国都在抢占智能产业制高点，粤港澳大湾区能否抓住智能产业革命，将是中国抢占科技产业制高点的关键。深圳拥有科技企业集群，具有很好的科研成果产业化规模，2018 年战略性新兴产业附加值高达 9155 亿人民币。此外，深圳的研发投入在粤港澳大湾区中也名列前茅，据香港政府统计处报告，2018 年深圳市研发投入约 1000 亿元，而同期香港本地仅为 245 亿港元。深圳还具备一大批科技创新头部企业，2020 年 8 月《财富》世界 500 强企业排行榜中，总部设在中国大陆的企业数量首次超过美国，深圳共 8 家企业进入榜单，表现亮眼，且多家企业排名跃升较快，如腾讯、万科分别上升至 40 位和 46 位，遭遇各种挑战的华为，仍然保持了排名上升的势头，从 61 位升至 49 位。

从金融资本角度看，金融资本作为科技创新不可或缺的生产要素，对于助推粤港澳大湾区塑造成为全球未来的科技创新中心具有推动加速作用。经验表明，证券交易推动了纽约湾区的发展，主银行制度带动了东京湾大工业财团的发展，风险投资则是旧金山湾区高科技企业发展的基石。一方面，深圳金融机构众多，资金规模雄厚，基于前海自贸区金融开放创新，对实体经济、科技“孵化”、跨境人民币的促进作用明显；另一方面，依托背靠香港的区位优势，将香港金融、贸易和专业服务优势和深圳高科技制造和创新能力整合起来，将生产性服务业与内地实体经济黏合发展，成功对接国际高规则标准和跨境业务，用好、用活开放优势，构建与国际标准接轨的成熟金融环境。

综上所述，作为粤港澳大湾区核心成员，未来深圳可着眼于围绕创新资源和金融资本等高端要素累积，打造功能完备的国际金融中心和具有全球影响力的创新产业基地。深圳在国内大循环中处于科技创新重心区域，在国际大循环中处于国内市场和国际市场的重要交汇点，在“双循环”新发展格局背景下战略意义重大。其中，科技创新、扩大内需、改革开放是深圳实现破题的“三大法宝”。

一是依靠科技创新。创新是高质量发展第一驱动力，大力推进科技创新是支撑引领双循环新发展格局的大势所趋。坚持依靠科技创新，持续提升自主创新能力，将是在新一轮全球竞争中占据先机的基础，也是打赢中长期“持久战”最需积蓄的持久动力。深圳是一座勇于创新、善于创新的城市，科技创新基础扎实，40 年间深圳科技工作者的数量增长超90 万倍，在生命科学、5G、智能装备等“风口”产业形成了产业集聚，为新一轮全球竞争积攒了实力。以深圳为主阵地建设综合性国家科学中心，在粤港澳大湾区国际科技创新中心建设中发挥关键作用，是党中央、国务院对深圳提出的要求。未来需要突出抓好综合性国家科学中心建设，加大关键核心技术攻关，持续做好补链、稳链、强链工作，增强经济竞争力、创新力、抗风险能力，打造未来发展新优势。

二是着力扩大内需。内需是中国经济发展的基本动力，扩大内需是满足人民日益增长的美好生活需要的必然要求，更是进一步激发经济活力、积蓄发展动能、对冲世界经济下行风险的必然选择。伴随深圳不断优化经济结构，对外依赖度有所下降，消费和投资日益成为拉动经济增长的主要动力。2020 年上半年深圳固定资产投资同比增长7. 8%，增速较第一季度提高23. 9 个百分点；社会消费品零售总额 3640. 15 亿元，降幅较第一季度收窄 8. 1 个百分点。2019 年粤港澳大湾区人均 GDP 为 2. 17 万美元，达到西方中等发达国家水平，区域消费大市场已然成型。未来持续扩大内需，扩大最终消费，为居民消费升级创造条件；坚持投资、消费同步发力，提高产业链、供应链稳定性和竞争力，更加注重补短板和锻长板，为深圳高质量发展积蓄强劲动能，是落实以国内大循环为主的重中之重。

三是推进改革开放。改革开放是防范风险的先手，更是战胜挑战的高招。越是困难挑战前所未有，越要坚定不移推进改革开放，以深化改革和扩大开放的确定性对冲外部的不稳定性、不确定性。深圳坐拥区位优势，连接了国内和国际两个市场，是国内市场和国际市场“双循环”的交汇点。以更大力度推进改革开放，更好地利用国际国内两个市场、两种资源，全力参与国内大循环、国内国际双循环。既要发挥好改革的突破和先导作用，依靠改革应对变局、开拓新局，持续优化营商环境；又要进一步扩大高水平对外开放，使国内市场和国际市场更好联通，实现更加强劲可持续的发展。

其中，如何构筑“双循环”新发展格局、推进改革开放是深圳乃至中国所面临的重大挑战，是破题的难点。在“百年未有之大变局”下，是否能够积极调整开放思路，增加新的增长极，扩大对外合作水平，为经济发展注入新的动能，将直接决定未来中国经济全球竞合格局。对于深圳而言，或将决定未来城市综合经济竞争力水平和党中央对于深圳建设为全球标杆城市的殷切嘱托。

2. 深欧合作的时代背景

当前是深圳优化调整对外开放的关键时间节点，结合党中央建设中国特色社会主义先行示范区的要求、新冠肺炎疫情的挑战、粤港澳大湾区建设和“双循环”新发展格局，深圳应在对外开放思路上有所突破，完成由要素流动型开放向规则制度型开放的根本性转变。在深圳经济特区建立 40 周年庆祝大会上，习近平总书记强调：“经济特区不仅要继续办下去，而且要办得更好、办得水平更高。”

传统要素流动型开放看重贸易流、投资流、资金流、技术流、数据流的跨国对接，侧重降低乃至取消贸易和投资壁垒，本质上属于“边境开放”，目标是实现贸易和投资自由化。近年来，深圳开放模式的局限性日益显现，突出表现在三个方面。一是原有以“外资、外贸、外经”为主要内容的开放模式受到国际贸易保护主义的严重干扰，毗邻香港的区位优势和 CEPA① 优势受到香港经济社会发展面临的一些问题的影响，外部拓展空间极其有限；二是依托“边境开

① CEPA 是指 2003 年内地与香港、澳门特区政府分别签署的《关于建立更紧密经贸关系的安排》。

放”的发展模式虽有助于实现一般性生产要素跨国流动，但对高端和创新性生产要素的吸引力和集聚力不够；三是国际经贸规则面临重大调整，并朝着高标准化方向发展，仅仅因循“边境开放”的老路已经不适应经济全球化发展新形势的需要。

面临国内外环境的深刻变化，继续推动商品和要素流动型开放的同时，要更加注重规则等制度型开放，如此，才能实现新一轮高水平开放。所谓制度型开放，主要是指从以往“边境开放”向“境内开放”拓展、延伸和深化，建立形成与国际高标准经济规则相接轨的基本制度框架和行政管理体系。推动由商品和要素流动型开放向规则等制度型开放转变，并非意味着商品和要素流动型开放不再重要，而是强调开放模式和方略的转变和调整。毕竟，商品和要素流动仍然是经济全球化的主要内容和基础所在。就上述意义而言，制度型开放仍然是服务于商品和要素流动型开放，更确切地说，是推动商品和要素流动型开放转型升级的需要。值得关注的是，欧盟善于打“规则牌”“标准牌”，长期运用规则引领、标准制定优势在国际竞合中扮演主导者角色。

随着中美经贸关系承压，双方贸易利益受到严重损失。自 2008 年国际金融危机以来，国际经济力量此消彼长，国际贸易和产业分工新旧力量攻防态势加剧，全球价值链重构加速进行，对中国贸易结构产生了深远的影响。一方面，中国在全球价值链中所参与的部分生产环节可能被替代；另一方面，为中国在产业层面向全球价值链高附加值端跃升创造机会。各国加速第四代工业革命主导权争夺，华为、中兴、抖音、微信事件证明，美国对华新兴产业发展的极力阻碍，特别是中美经贸摩擦加剧中国价值链、产业链重塑，被高端排斥和与低端竞争的“双重挤压”越发剧烈。值得注意的是，由于中国还处于全球价值链的中低端且地位提升过程中，如果全球贸易争端进一步升级，全球价值链断裂，将对中国经济产生巨大影响。

作为中国第二大贸易伙伴，欧盟是全球经济与科技的重要一极，是发达工业经济体聚集区。欧洲产业经过不断积累发展具有“起步早、门类多、家底厚、竞争强”的特点，且长期保持国际领先地位。改革开放 40 多年来，中欧产业合作对中国产业发展意义重大。从 1978 年引进法国技术建设大亚湾核电站，到采用法国第三代核电技术中法共同投资建设台山核电站；从 1984 年德国大众汽车入华开启中外合资经营新模式，到 2018 年宝马追加在华投资并表示将把持股比例由 50% 增至 75%，并只在中国生产纯电动汽车，不难发现欧洲对中国产业现代化建设、社会经济发展起到的重要作用。中欧产业合作成为中国产业适应并参与经济全球化建设、嵌入全球价值链的催化剂之一，给中国培育产业国际竞争力注入了动力和活力。因中欧要素禀赋不同，中国部分产业迅速形成规模，塑造国际竞争力并实现惊人的出口增长。以国际贸易为纽带，中欧间已形成复杂的产业内合作网络，双边经贸往来巨大。2018 年，中国与欧盟双边贸易额高达6822 亿美元，同比增长 10.6%，占中国对外贸易的 15.67%（高出中美 1.44 个百分点）。与此同时，美欧虽为军事同盟，但贸易结构相似，竞争关系占主导。近年来，美国的贸易保护主义同样针对欧洲，迫使美欧贸易摩擦风险加剧。在具体调整中，中欧通过深化经贸合作削弱美国保护主义的影响，将是在“百年未有之大变局”下实现“突围”的重点关切。

2020 年新冠肺炎疫情肆虐全球，深刻改变国际地缘格局和中国对外关系。中国和欧洲先后深受疫情影响，双方多个领域合作被迫按下暂停键。在疫情防控方面，无论是确诊人数还是死亡人数，欧洲情况均强于美国，世界银行、国际货币基金报告均看好欧洲经济复苏前景。疫情中，欧盟和成员国领导人显示出空前团结，打破以往政策边界，推出史上最大规模财政援助计划，为未来经济发展指明方向。这也体现出欧盟主导欧洲一体化的决心，有助于提升未来的危机应对能力，稳定欧元币值和金融市场，缓解疫情和英国脱欧等因素对欧盟经济的冲击，重新树立市场信心，为欧洲疫后经济复苏打下坚实基础。与此同时，疫情加深欧洲内部对于全球化、中欧经贸合作的再思考。欧洲加强战略产业自主、重视供应链安全、培育区域价值链的呼声此起彼伏，“去中国化”、产业链重塑动向明显。欧洲借中美经贸摩擦“坐收渔利”、对后疫情时代中欧竞争前景恐慌悲观，对中国“威胁”的忧虑加剧，丧失竞争自信，弱者心态明显。由于欧盟对华态度的这种复杂性，针对不同的事务和政策，欧盟会采取不同的方式与中国接触。一方面，强调“经济主权”，加强经贸审查和规制力度，担忧中国借其虚弱之时加大投资，吃掉关键产业链和战略性企业，筑防御、防吃亏，强调气候变化、人权等价值观，欲占据道义制高点，对华大打“道德牌”，进而提出经贸高要价，这也是当前欧盟有且仅有的对华示强手段。欧盟对中欧合作的逻辑已从借经济合作促中国转型的“理想主义”，到经济利益为上的“现实主义”，再到目前将中国视为竞争对手，摆出强硬姿态逼中国就范的“修正主义”。德国常驻欧盟代表、前驻华大使克劳斯指出，目前各成员国在采取共同对华政策方面的意愿和共识在上升，未来将大概率延续对华强硬立场。另一方面，欧盟对华经贸务实合作较美国更为积极。中国是最早有效控制住疫情传播的国家，2020 年实现经济正增长2.3%，超大市场优势和内需潜力，正吸引越来越多欧资企业进一步开拓中国市场。中欧商会与罗兰贝格咨询公司2020年6月发布的《中欧商会商业信心调查2020》显示，超过六成受访企业表示，中国仍是其前三大投资目的地之一。2020年9月14日，习近平主席与欧盟、德国领导人举行视频会晤，正式签署《中欧地理标志协定》，并决定打造中欧绿色伙伴、中欧数字合作伙伴，加快中欧投资协定谈判，实现年内完成谈判的目标。可见，中欧经贸合作的积极面也在上升。

（二）深圳与欧洲合作的现状与难点

1. 深欧合作的现状

国际竞合格局动态演进日益复杂，党中央对对外合作作出战略判断和部署，向深圳提出对外开放“排头兵”的新要求。当前，深圳对外开放存在一些瓶颈，限制了深欧合作的回旋空间。

一是对外贸易伙伴过于单一。毗邻香港，借区位优势扩大开放红利，连接国内国外市场是深圳立城之本。多年来，深圳虽然积极探索贸易伙伴多元化，但对港过度依赖的情况并未发生实质性改善。根据深圳市统计局数据，2020年4月份深圳与香港贸易总值为

473.12亿元，同期与美国、日本、欧洲贸易总值分别为173.42亿元、54.07亿元和214.56亿元，三者总和甚至低于深港贸易总值。

二是外商直接投资来源过于单一。虽然1979年以来深圳实际利用外商直接投资以22.3%的年增长速度累积，但其中主要投资来源以香港为主。截至2018年末，在深登记的香港企业达到30815家，投资总额超过1893亿美元，同期欧洲企业仅为858家，投资总额约53亿美元。

三是进口商品结构过于单一。分析深圳的主要进口商品结构能够客观反映出深圳的对外需求。根据深圳市统计局数据，2015—2018年，深圳主要进口商品有集成电路、自动数据处理设备及其部件、液晶显示板、钢材、电视、收音机及无线电信设备的零附件、电线和电缆等工业中间产品以及农产品、纺织纱线、织物及制品、成品油等初级产品，反映出深圳对外需求过度集中于零部件及中间产品，进口商品结构单一的客观事实。

四是改革开放先行先试的政策优势未充分挖掘。发挥特区立法权制度优势，在政策允许基础上，先行先试扩大对外开放，树立对外开放典范，以建立形成与国际高标准经济规则相接轨的基本制度框架和行政管理体系是新时代深圳的历史使命，也是建设中国特色社会主义先行示范区的必由之路。近年来，深圳逐渐与内陆城市开放度趋同化，甚至在中欧班列、境外产业园区、对外文化交流方面不及成都、西安等西部城市。

2. 深欧合作的难点

鉴于以上因素，深圳对外合作亟须突破。在“百年未有之大变局”下，欧洲发挥着战略支撑作用，是新时代中国外交工作的重要区域。结合欧洲经济特点，深欧合作存在以下难点。

一是缺少对欧合作的“拳头产品”。近年来，深圳逐渐与内陆城市开放度趋同化，甚至在互联互通、境外产业园区、对外文化交流方面不及成都、西安等西部城市。例如，成都早在2016年便将“蓉欧+”战略写入政府工作报告，并建设坐标级建筑“中国欧洲中心”整合对欧合作资源。一方面成功承办《财富》全球论坛、G20财长和央行行长会议等国际性会议，扩大国际影响；另一方面积极“走出去”，宣传成都休闲文化，加强海外知名度。反观深圳，对外开放缺少方向和重点，对内与北上广，甚至是重庆、西安、武汉、郑州等城市形成同质化竞争，反映出对欧开放合作意愿不强、未充分调动欧方积极性的现象。

二是新经济合作缺少发力点。当前以人工智能、云计算、大数据为代表的新经济迅猛发展，深圳的腾讯、华为等代表性企业具有很强的国际竞争力。欧洲该领域“独角兽”型中小企业和基础研发科研机构众多，在很多细分领域特别是数字经济和绿色经济领域具有“从0到1”的能力。深化深欧合作也将缓解中国高科技企业海外压力。但深圳对欧洲新经济企业缺少了解、引进不足，未形成合作效应。目前深圳对科技项目的投资规模依然有待加强，很多有潜力成为“独角兽”的欧洲企业受风投机构影响而出走至北上广等城市。

三是友好城市作用没有得到有效发挥。截至2019年，深圳共有22个友好城市，其中9个为欧洲城市（意大利布雷西亚省、波兰波兹南市、法国维埃纳省、德国纽伦堡地区、比利时布拉班特瓦隆省、瑞士伯尔尼州、荷兰阿尔梅勒市、葡萄牙波尔图市、英国爱丁堡市），深圳与欧洲友好城市间的合作缺少深度和广度，特别是新兴战略合作缺少合作机制。

四是科技合作机制缺失。深圳市科技创新委员会等主管机构有强烈的对欧合作意愿，但渠道不畅通。一方面，行政机构与已有渠道在深圳高校和科研院所缺少交流分享机制；另一方面，在支持科技研发方面，深圳支持机制较为“死板”，依然是按“世界500强”“知名”“著名”等名称“贴标签”确定扶持金额。欧洲许多小微企业在很多领域拥有“独角兽”技术，这些企业可能因“贴标签”式的支持方案使得落户深圳动力不足。此外，因中欧知识产权体系不同，近年来深欧知识产权纠纷时有发生。

五是金融合作有待突破。根据国内外金融发展经验，金融中心的形成与经济活动存在因果关系，首先是与经济总量、贸易挂钩（如新加坡、中国香港模式），其次逐渐与科技创新挂钩（如硅谷、中国台湾模式），此外还有政策性金融中心（北欧、开曼、北京模式）。深圳有深交所优势，金融业发展长期与科技创新挂钩，但与欧洲知名金融城联系不紧密，未来可在绿色金融、深圳企业赴欧上市等方面寻求从无到有的突破。

六是招商引资针对性不强。深圳产业园区在规模、发展思路以及基础设施方面已形成规模，但缺少外资引入，如何更好地吸引欧方投资亟须解决。在吸引欧方企业投资方面，深圳主要优势是粤港澳大湾区巨大的消费市场和创新能力。欧洲企业尤其是德国企业，绝大部分是小微企业，但属于在某一技术领域（或行业）的“独角兽”，掌握核心技术，产业意义对深圳帮助可能比世界500强企业更大。但目前深圳在对欧招商引资方面引进产业对象目标不明确、招商引资策略僵化的现象较为突出。

三　欧洲产业及深圳与欧洲合作潜力

（一）英国产业现状

1. 英国产业战略实施状况

英国是仅次于美国、中国、日本、德国和印度的全球第六大经济体。2019 年 GDP 为 2.83 万亿美元，主要来源是服务业、制造业、建筑业和旅游业。服务业是英国最大产业部门，主要包括金融、零售和娱乐产业，约占英国 GDP 的 3/4。英国金融业包括银行和保险相关业务，2018 年产值约为 1320 亿英镑，占英国经济总量的 6.9%。伦敦金融城是欧洲最大的金融中心，其资产总额接近 4 万亿英镑。除此之外，英国支柱产业还包括建筑业和旅游业，前者占 GDP 比重约 6.4%，后者约占 6.9%。2019 年，英国出口总值约 6890 亿英镑，金融服务出口额为 632 亿英镑，货物出口中最大产品为汽车，金额为316亿英镑。

得益于高素质的就业人口和开放的市场环境，英国高新技术企业发展迅猛，比较突出的有：（1）欧洲最大的人工智能及新药研发公司，利用人工智能开发治疗慢性病药物的Benevolent AI；（2）用于网络安全检测和防止潜在网络攻击的Darktrace人工智能软件系统；（3）为客户提供传统银行服务和加密货币交易的线上金融平台Revolut，因其方便注册、换汇和线下提款无手续费等特性在全球迅速普及；（4）开发包括比特币钱包、区块链浏览器和搜索引擎在内的Blockchain系统，为全球消费者、企业提供安全、方便的比特币服务。

近年来，英国产生了实业衰落、金融泡沫膨胀、去工业化导致大量工人失业等结构性危机。英国在规划"脱欧"后经济发展路线时，奉行更为积极明确的产业战略路线。2016年7月14日，时任英国首相特蕾莎·梅改组政府机构，设立商业、能源和产业战略部，将产业战略列入议事议程，并于2017年11月发布产业战略白皮书《产业战略：建设适应未来的英国》[①]，对英国产业发展作出系统规划。

据此规划，英国将从完善产业发展环境、扶植战

① HM Government, Industrial Strategy: Building a Britain fit for the future, November 2017.

略支柱产业、强化产业发展引导三个方向重整经济。“完善产业发展环境”包括理念、人员、基础设施、营商环境、区域发展五个要素。理念主要指通过研发投资、税收优惠、产业投资、研发创新，提高经济竞争力；人员主要指通过新的就业技能培训系统，提高就业者的就业技能；基础设施主要指通过“国家生产力投资基金”，发展英国的交通、住房和数字基础设施；营商环境主要指通过英国商业银行创设孵化基金，促进有潜力的新企业的发展，并通过各种政策，提高中小企业生产力；区域发展主要体现为地方产业战略。

在“扶植战略支柱产业”方面，截至2019年7月，英国政府已发布11个部门产业规划，涉及航空航天、人工智能、汽车、建筑、创意产业、生命科学、核工业、海上风力发电、铁路、旅游等①，并计划形成以伯明翰为中心的汽车制造业、以剑桥为中心的高科技产业、以谢菲尔德为中心的高端制造业等产业集群。

“强化产业发展引导”是指为应对人工智能和数据、老龄化社会、清洁增长、绿色出行四大全球挑战，加强产业链协调和综合引导。该部分主要是受到英国

---

① https：//www.gov.uk/government/publications/industrial-strategy-sector-deals/introduction-to-sector-deals.

经济学家马祖卡托“使命引领型”产业政策的影响[①]，它旨在通过罗列英国未来经济发展的重大挑战，集成资源进行系统应对。

为加快推进上述计划，英国政府设立独立的产业战略委员会，由来自商界和学术界的20位杰出人士组成和评估产业战略进展，并向政府提出建议。政府为各个支柱产业设立专门委员会，促进产业领袖、政府官员和学术界的沟通交流，并为该部门发展提供研发资金支持和技能发展培训。

产业战略的另一个支柱是地区产业战略。2018年10月，英国政府发布《地区产业战略政策说明》，对地区产业战略做了明确规划。[②] 该文件指出，地区产业战略是由地方公共和私营部门组织设计的产业规划，它旨在确定地方产业优势，并为提高生产力、盈利能力和竞争力制定行动方案。在拥有“市长联合管理权”的地方，地区产业战略的制定将在市长领导下，会同当地企业合作伙伴联合制定，没有“市长联合管理权”的地方，该战略的制定将由当地企业合作伙伴牵头。截至2019年8月，英国政府已出台四个区域产

① UCL Commission for Mission - Oriented innovation and Industrial Strategy, A Mission - Oriented UK Industrial Strategy, Institute for innovation and public Purpose, May 2019.

② HM Government, Local Industrial Strategies: Policy Prospectus, October 2018.

业连片集群发展战略，分别覆盖西米德兰兹、大曼彻斯特、牛津—剑桥、西英格兰等地区。

除了以上地区发展战略，英国政府近几年还出台旨在推进地方区域合作的区域发展战略，比较典型的是“振兴北方战略”和“中部引擎战略”。“北方振兴战略”是英国国家经济发展项目之一，自 2015 年开始实施，旨在提振英格兰北部地区的经济，转变该地区经济增长方式，将其打造成为具有国际竞争力的产业集群区。该地区有超过 1700 万的人口（约占英国人口的四分之一），100 多万家私营企业，720 万个工作岗位，2015 年创造了约 2900 亿英镑的经济总产值，约占英国总产值的 1/5。英国财政部曾于 2014 年分析，如果到 2030 年，北方地区的经济增长速度与英国的平均水平一样快，则其实际经济产出将比现状高出 370 亿英镑。基于此，英国财政大臣在 2014 年 8 月提出了一个愿景，即更好地连接北方，打造北方产业集群区。紧接着，英国财政部于 2015 年发布了“修复基金会”报告，承诺进一步向北方地区（及其他地区）下放权力。2015 年底的秋季声明确定了对北方地区的科学和商业基础的一系列投资，以提高生产力表现，鼓励英国经济实现“再平衡”。

“振兴北方战略”围绕先进制造业、能源、健康创新以及数字化四大板块进行重点发展，辅以金融、物流和教育进行二级支撑，可提供210万个工作岗位。旨在全面提升北方地区的生活质量，特别是在提供比伦敦和东南部更低成本的住房、各种体育和文化设施等。生活质量是吸引和留住技术工人和向北方投资的关键因素。为实现这一伟大愿景，英国于2016年发布《振兴北方战略》白皮书，着力解决制约生产力发展的障碍因素，分别从互联互通、职业技能、企业创新及贸易投资方面作出了一系列规定。①

英国中部地区处于英国经济及地理位置核心，坐拥英国最重要的几个产业园区，包括黑乡和德比郡的先进制造业产业园区、考文垂和沃里克郡的汽车产业园区及斯托克和斯塔福德郡的陶瓷产业园区等。作为英国传统的先进制造业基地，中部地区制造业产量占英国总量的1/5以上，从业人员达63.7万人，占英国制造业从业人口总数的1/3；服务业2015年产值达1584亿英镑，就业人数超400万人，其中房地产行业附加值占英国总量的14%、商业服务占13%、金融保险行业占9%；出口产品总额占英国去年出口总额的19.1%，销往100多个国家。该地区是英国主要航空业基地，就业人数4万人；是英国第二大化工基地，年产值60亿英镑；是全英主要制药和医疗器材生产基地；也是英国重要的创意、数字和设计中心。中部地

① HM Government, Northern Powerhouse Strategy, November 2016.

区拥有 27 所大学、近 50 万名大学生及 54 所继续教育学院，在学校基础应用研究基地和研究转换中心的基础上，中部研发创新活跃，企业研发支出近三年增长 52%。

2017 年 3 月，英国政府发布《中部引擎战略》白皮书[①]，计划围绕联通、创新、技能、贸易和投融资、提高生活品质五大核心，达成六大目标：提升中部地区长期经济增长率至英国全国预期水平，到 2030 年为当地经济带来 340 亿英镑的经济增长；通过进一步增强地方优势产业如高端制造和工程业，在中部地区创造 30 万个新的就业机会；通过提升劳动力技能促进中部地区经济繁荣；为中部地区交通基础设施吸引价值 52 亿英镑的投资；支持科技创新发展，推动高校在能源领域以及汽车新技术领域的研究与成果转化；改善中部地区生活水平，包括新建 3 万户住宅、发展当地旅游业及提高地方教育水平等。为实现这些长期经济发展目标，英国政府围绕就业与生产力、交通、科技及生活质量等方面制订了 2015—2030 年行动规划，重点投资产业园区、发展项目、科研投入、学徒制度、技术基础结构、交通基础设施、住房与教育等方面项目。

2017 年产业战略发布以来，英国政府完成更迭，

① HM Government, Midlands Engine Strategy, March 2017.

营商环境也发生变化。在此背景下，现任约翰逊政府于 2021 年 3 月发布《更好的重建：英国的增长计划》[①]，将地区拉平、绿色转型、全球英国作为经济增长的主要目标。“地区拉平”主要指重建英国各地陷入困境的城镇，确保每个地区都至少有一个具有全球竞争力的城市，以此带动周边地区的繁荣，在全英各地建立自由港，改善陆海空交通。“绿色转型”主要指以应对气候变化为契机，发展新的能源产业，创造新的就业机会，包括在海上风电、碳捕获、使用和储存、氢能源方面的产业拉升和创造就业工作。“全球英国”主要指协调内外政策，通过七国集团和联合国气候峰会等多边机制，共同促进自由和公平的贸易。

为了实现这些目标，英国政府计划从基础设施建设、技能培训、科研创新三个领域加大投资力度。基础设施建设主要举措有：对宽带、公路、铁路和城市进行 1000 亿英镑投资，刺激短期经济活动，推动长期生产力的提高；通过英国共荣基金和全英拉平基金，促进全国联通；通过城镇基金和商业街基金，刺激地方投资；通过《实现绿色工业革命的十个行动方案》，提供 120 亿英镑融资，促进英国绿色转型；成立英格兰基础设施银行，补充私人投资的不足。技能培训的

① HM Government, Build Back Better: Our Plan for Growth, March 2021.

主要举措有：通过高质量的技能和培训，促进生产力增长；通过追加投资和改革职业教育来提升继续教育水平；引入终身技能保障，通过免费课程、技能训练营和终身贷款资格，实现终身学习。科研创新的主要举措有：支持和激励创意产业和技术产业发展，塑造高增长、可持续和安全的经济环境；支持初创企业发展，支持最具创新潜力企业扩大经营规模；吸引优质人才，提高英国创新型企业的国际竞争力；通过管理培训和数字培训，支持中小企业发展。

2020 年 11 月，英国政府出台《实现绿色工业革命的十个行动方案》，为英国的绿色转型做了清晰规划。[1]“十个行动方案”具体指：推动离岸风能发展；推动低碳氢能发展；发展新型先进核能；加速向零排放交通工具转变；绿色公共交通和绿色出行；航空器和船舶绿色排放；绿色建筑；碳捕获、使用和存储投资；保护自然环境；绿色融资和创新。

2. 中英合作现状及未来合作空间

深化深圳—英国产业合作离不开对中英关系大环境的战略评估。2009 年 1 月，英国外交部发布《中英交往框架》文件，奠定了英国对华接触政策的基本框

---

① HM Government, The Ten Point Plan for a Green Industrial Revolution, November 2020.

架：英国从中国的经济发展中获益、推动中国成为负责任的全球参与者、促进中国可持续发展、现代化和内部改革。2015 年，在时任英国财政大臣乔治·奥斯本推动下，中英关系发展进入快车道。同年 3 月，英国加入亚洲基础设施投资银行。9 月，奥斯本访问上海证券交易所，致力于推动中英金融业务发展。10 月，习近平主席访英期间，中英双方决定共同构建面向 21 世纪全球全面战略伙伴关系，开启持久、开放、共赢的“黄金时代”，奠定了未来中英关系发展总基调。

在“黄金时代”旗帜下，英国平衡经济利益和价值观的对华立场发生偏移，英国对华关系主导权从外交部转移到财政部，中英关系核心被简化为贸易和投资，双方在人权、价值观等问题上的分歧被搁置，或者让位于更实际的英国利益考虑。在习近平主席访英期间，两国领导人共同见证签署近 400 亿英镑商业合作项目，足见中英合作潜力巨大。这意味着中英合作找到最佳利益交汇点，英国希望为人民币国际化提供便利，从而巩固伦敦的金融城地位，中国希望通过深化中英合作，打造一个与发达经济体交往的新样板，为对欧洲和美国的投资提供跳板。

作为中英合作的重要基石，双方经贸往来逐年递增。自 1999 年以来，中英双边贸易额持续增长。2019

年，英国对华出口约251亿英镑，占英国出口总额的6.9%，中国是英国第三大（仅次于美国和德国）出口目的地，主要出口产品为原油、汽车、医药产品等。2019年英国对华进口额约469亿英镑，占英国进口总额的9.3%。中国是英国第二大（仅次于德国）进口来源国，最大进口产品类别是电信设备、办公机械、各种消费品（如玩具）和服装。英国在中英货物贸易中约有218亿英镑的逆差，但在服务贸易中保持顺差。2018年，英国对华服务贸易出口额约为46亿英镑，顺差额为30亿英镑，主要领域是旅游、教育、金融以及其他商业服务。

在投资领域[①]，自2000年以来，英国从中国获得约450亿英镑的直接投资，是德国（约203亿英镑）的两倍多。2019年，英国仍然是中国对外直接投资的第二大目的地国，初步估算数额在30亿英镑到65亿英镑。尽管中国对欧投资很大部分流向英国，但它仅占英国国内总投资额的2%左右，比例并不是很高。英国2018年对华投资额约为38亿英镑，增长150%。[②]

除了日益增长的贸易和投资额，中英双边经贸关系各有所求，有进一步增长的空间。由于在双边经贸

① Agatha Kratz, Mikko Huotari, Thilo Hanemann, Rebecca Arcesati, *Chinese FDI in Europe*: 2019 *Update*, April 2020.

② https://beltandroad.ventures/beltandroadblog/foreign-investment-china-2018.

关系中赤字较多，英国希望中国能够扩大对外开放，增加从英国进口，减少贸易投资壁垒，从而实现平衡双边贸易关系、促进双向投资便利。中国则希望英国能够承认其市场经济地位，通过中英合作获得英国高新科技，通过在核能、高铁、电信等领域投资，向西方展示中国超强基础设施建设能力、通过利用伦敦的金融服务，促进人民币国际化。①

“脱欧”之后，英国外交独立性增强，影响国际战略格局的潜在能力提高，为深化中英两国在安全、经贸、环境、人文交流等领域的全球合作，提供了重要窗口期和机遇期。英国现任首相约翰逊曾在多个场合表示自己“非常亲华”，愿意推动中英“黄金时代”建设向纵深发展。但2016年以来，美国战略界对华态度发生改变，对华强硬派占据上风。2017年美国提出“大国竞争”的对华新战略，标志着对华接触战略的失败，美国开始转向全面遏制，“经贸议题安全化”“经贸政策武器化”成为新的竞争策略。受此引导，美国寻求在经济领域对华“脱钩”，并对中国进行技术封锁，而相对温和的欧盟则通过各种保护性立法，扭转其认为“缺乏互惠性”的中欧双边贸易。国有企

① Paul Irwin Crookes and John Farnell, The UK's Strategic Partnership with China beyond Brexit: Economic Opportunities Facing Political Constraints, *Journal of Current Chinese Affairs*, 2019, Vol. 48, pp. 106 - 121.

业补贴、强制技术转让、外资进入壁垒等成为西方批评中国的惯常议题。

美国和欧盟对华政策的调整、国际环境变化和国内舆论压力，收窄了英国独立自主制定和践行对华合作政策的空间。特别是2020年以来，随着中美大国竞争加剧、新冠肺炎疫情在英国肆虐、香港国安立法等因素影响，英国对华舆论发生变化。这一对华认知态度的改变，从英国主要政党工党和保守党上都体现出来。工党对华外交政策发言人史蒂芬·金诺克最近指出，卡梅伦提出的中英“黄金时代”口号是“一个可悲的失败”，英国为中国铺开了红地毯，但得到的回报很少，英国对中国的意图一直很天真，英国被中国耍了。他担心英国目前在战略上没有足够的独立性，并认为管理中国的崛起将是世界面临的头号地缘政治挑战。

保守党在涉华问题上同样出现分裂，这主要表现为出现三个针对中国的小集团，一个是下议院外事委员会主席汤姆·图根德领头的“中国研究小组”，另一个是保守党前主席伊恩·邓肯·史密斯发起成立的针对中国的“多国议会联盟”，还有一个是下议院议员鲍勃·西利领头的“华为小组”。这些议员对华态度强硬，势力已经强大到能够阻碍约翰逊首相推进对华合作议题。

受制于英国舆论和保守党内部反华议员的压力，约翰逊内阁在涉华问题上分化为“贸易派”和“安全派”两种立场。英国工党议员丽莎·南迪在《政客》杂志采访中指出：“你会看到，英国外交部在抵制中国政府的一些行动方面渐趋强硬，但财政部却在追逐中国的投资以重建疫后经济，商务部也在认真考虑将我们的大部分核电技术移交给一家受中国政府支持的公司。”贸易派以财政大臣里希·苏纳克、商务大臣阿洛克·沙玛、贸易大臣伊丽莎白·特拉斯为代表，这些人认为，中英关系恶化，意味着英国跟世界上第二大经济体建造了一堵“经济隔离墙”，这会极大地妨碍英国 GDP 增长，延缓英国经济复苏。他们主张对华关系应奉行“交易主义”路线，并支持中国在包括核能、钢铁和电信领域等相关部门的投资。

“安全派”以内政大臣普丽蒂·帕特尔、国防大臣本·华莱士、外交大臣多米尼克·拉布为代表，他们认为英国在战略资产和关键医疗物资方面严重依赖中国，为了英国国家安全考虑，他们主张对华强硬。这使得中国议题可能成为继欧洲议题之后，分裂英国议会和政府的第二个外交问题，也为未来中英合作蒙上一层阴影。

在此背景下，英国战略界对华认知发生转移，开始认为“黄金时代”（Golden Era）是个“黄金错误”

（Golden Error），英国跟中国的接触政策被视为不仅是英国，而且是整个西方战略思维失败的象征。受此影响，中英关系急剧恶化，英国舆论和主要政党不断炒作“疫情索赔”、阻挠华为参与英国 5G 建设、对中国投资行为开展国家安全审查、供应链安全、高校合作、香港国安立法问题、“新疆人权问题”“南海自由航行”问题，以此向政府施压。英国政府也不断压缩对华接触政策空间，修改《企业法》，加大对外国收购英国企业的干预力度，拟制定《国家安全和投资法》，加强对外国投资监管和审查。2020 年 7 月 14 日，英国政府就使用华为 5G 设备问题作出新决定，要求英国电信供应商从 2020 年 12 月 31 日起停止购买新的华为 5G 设备，在 2027 年年底前，拆除英国 5G 网络中使用的所有华为设备，继续禁止华为参与最敏感的 5G 核心网建设。

2021 年 3 月 16 日，英国政府发布《竞争时代的全球英国：英国国防、安全、发展和外交政策综合评估报告》（以下简称《综合评估报告》）。《综合评估报告》对中国做了复杂定位：一方面，中国是英国发展的经济机遇和解决全球问题的合作伙伴；另一方面，中国已经成为英国的制度性竞争对手。

这意味着中英“黄金时代”合作可能面临“拐点”，英国需要新的对华战略。尽管如此，中英关系仍存在合作空间。中英关系恶化，美国施压是主要原因，但英国不会盲目追随美国，对华发动“新冷战”。中国庞大的市场机遇、亚洲经济的广阔前景、英国疫后经济复苏的迫切需要，都意味着英国不会放弃跟中国的经贸接触。英国未来会在中美之间走“跷跷板”，奉行充满机会主义的“两面外交”。为保持“英美同盟关系”，英国在对华政策上将选择有限度追随美国。在对华外交上，英国将走合作、竞争和冲突“三轨并行”道路，针对议题选择政策，而不会全面反华。英国将在确保“英国利益”优先前提下维持甚至加大对华经贸接触，在金融稳定、气候变化、健康和生物安全、可持续增长等全球性议题上继续对华合作，在人权、国际法、民主、反腐败等价值观领域继续向中国施压，以换取谈判筹码。

（二）法国科技优势及竞争力集群的发展经验

以推动中小企业发展、孵化新兴产业创新项目、促进产业升级、增强经济竞争力为目标，法国政府于2005 年设立区域化产学研协同发展的规划项目“竞争力集群”，旨在通过区域化协同，塑造产业集聚优势，并借此打造一批在前沿创新领域具有国际竞争力的产业链集群，抢占未来全球工业发展的制高点。在法国政府提出的“未来工业消耗的将主要是脑力”的发展理念背景下，十多年来该政策成功打造出了航空航天产业、高端制造业、微电子产业、纺织新材料产业、化工与环保科技、生物医药业、农业等领域具有世界领先水平的产业集聚“高地”，相关成功经验也为中国的区域经济一体化发展、产业集聚协同创新提供了一定的借鉴意义。

1. 法国竞争力集群的历史沿革

法国将竞争力集群定义为在特定的地理区域范围内，聚集各种类型企业、科研院所和培训机构，以优势互补、资源共享、分工协作为原则，围绕特定创新项目，开展研发活动的一个规划认证项目。①

2004 年法国政府推出国家竞争力集群政策，将其定位于一种新的产业政策工具的诞生，以加强法国工业的竞争力。法国政府旨在通过区域内产业要素整合，集合大型企业、研究机构与中小企业联合研发，突破中小企业在人才、资金、技术、信息等方面的局限，快速提升中小企业创新能力，同时加速产业内科技成

---

① Ministère de l'économie des finances et de la relance, La définition des pôles de compétitivité, https://www.economie.gouv.fr/les-poles-de-competitivite#.

果转化和资源共享，形成专注于创新和汇集技能的产业链新模式，以促进集群经济增长，提高法国经济的竞争力和国家领土区域的整合力度。与此同时，竞争力集群还将形成一定的创造效应，在创造社会就业的同时促进地方经济就业。整体上看，竞争力集群将有助于加强法国工业的国际竞争力，并希望借此催生出一批具有国际知名度的新企业。①

法国政府授命“领土整治和发展部际委员会”（CIADT）主要负责实施竞争力集群的项目计划。项目计划基于各地区发展基础，依赖区域工业、研发、教育及基础设施等优势，汇集大型企业、中小企业、研究机构、教育机构及培训机构组成的特定产业合作伙伴集聚模式，被称为“企业+实验室”创新模式，由各大区议会下设的经济发展部门或当地工商会组织申报创建，并递交至CIADT，后者负责组建专家委员会进行项目的招标遴选，项目计划通过筛选并进入实施阶段，会得到法国政府的投资支持。2008年6月，波士顿咨询公司和CM国际公司对竞争力集群的政策效果进行评估并形成报告，提交给法国经财部，内容包括对国家系统（选择和支持措施）的评估和71个已批

① Ministère de l'économie des finances et de la relance, Les objectifs des pôles de compétitivité, 7 mai 2011, https://www.economie.gouv.fr/les-poles-de-competitivite#.

准的集群中的每个集群的系统性分析。根据报告结论，39 个集群“已经实现了竞争力集群政策的目标”，19 个集群“部分实现了（这些）目标，并需要努力改善其行动的某些方面”，13 个集群“存在很大的进一步提升空间”。例如，在有待提升的 13 个集群中，包括法国西南部地区的滨海大区的两个竞争力集群，激光器和光子学竞争力集群与航空和航天竞争力集群得到了“可以做得更好”的评价。①

在扶持资金来源方面，法国政府充分调动财政和社会资金，采取多元化融资方式对竞争力集群企业进行资助。② 一是通过部际基金，在项目征集期间向具有经济价值的、有潜力的研发项目提供财政援助；二是通过国家创新战略“未来投资计划”进行支持；三是鼓励国家研究机构、公共投资银行、法国储蓄银行等金融机构共同参与。

在权益保障方面，由法国经财部企业总局和法国储蓄银行支持的法国竞争力集群协会于 2013 年成立，

① Editoile Académie, Les pôles de compétitivité ont fait l'objet d' une évaluation nationale, 20 juin 2008, https://www.developpement-economique.fr/2008/06/les-poles-de-competitivite-ont-fait-lobjet-dune-evaluation-nationale/.

② Ministère de l'économie des finances et de la relance, Tout savoir sur les pôles de compétitivité, 10 janvier 2019, https://www.economie.gouv.fr/entreprises/tout-savoir-sur-poles-competitivite#.

共计12000多家企业成为其会员。[①] 协会在欧盟、国家层面积极为法国企业和就业发展“保驾护航”。一是在法国国家和地区层面保障竞争力集群的政策利益，维护科技创新的政策环境；二是在欧盟层面代表竞争力集群及其成员的声音；三是维护中小企业利益，捍卫竞争力集群中的小企业公平竞争环境。

2016年时任法国经济部部长的马克龙在内阁会议上表示，十余年来竞争力集群政策是非常有效的[②]，各竞争力集群组织了1000余次培训，开展了1600余个研发项目，由竞争力集群牵头的合作研究项目获得了国家的财政支持，研发支出总额近68亿欧元，国家共同出资24%，地方政府出资16%，其余60%由企业出资。竞争力集群成功孵化了1000余家初创创新型企业，占全法初创创新型企业总数量的一半以上，实现了政策预期效果。在创造就业方面，竞争力集群企业平均新增就业岗位数量由2007年的2.5人增至2012年的6.5人。在申请的专利数量方面，2012年竞争力集群企业申请专利数平均新增了2项。

截至2017年，法国共创建71个竞争力集群，项

① L'Association Française des Pôles de Compétitivité, Les missions de l'AFPC, https://www.afpc.eu/fr.

② Lefigaro, les Pôles de compétitivité sont efficacies, 5 mars 2016, https://www.lefigaro.fr/conjoncture/2016/03/05/20002-20160305ARTFIG00009-oui-les-poles-de-competitivite-sont-efficaces.php.

目累计投资近500亿欧元，大多数聚焦新兴技术和法国传统优势产业。新兴技术涵盖光电、微电子、智慧城市、人工智能、纳米、生物、环境等领域；优势产业涵盖汽车制造、航空航天、核能、化工等领域。平均每个竞争力集群拥有成员企业近200个，半数以上是中小微企业。单个集群年均行政运行预算约130万欧元。

2. **法国主要竞争力集群概况**

2018年10月，法国政府进行了第四轮集群标签审核发放程序。政府在提交的56份参与竞争力集群的申请中筛选出48个竞争力集群[①]，标注的时间为四年，从2019年至2022年。剩下的8个集群没有完全满足选择标准，只获得了12个月的临时标签，这8个集群将在接下来定期被审核，必须满足一些条件才能将其延长到2022年。当前，竞争力集群涉及航空航天、核

---

① 当前法国48个竞争力集群名称如下：Aerospace Valley，Agri SOI，Alimentation Bien - être Naturalité （ABEN），ALPHA - RLH，ASTech，Axelera，BioValley France，Cap Digital，Capénergies，CARA，CIMES，Cosmetic Valley，DERBI，EMC2，EuraMaterials，Eurobiomed，Finance Innovation，Hippolia，IAR，iD4CAR，Images & Réseaux - TES，i - Trans，LyonBiopôle，Materalia，Medicen，Minalogic，Mov'eo，Nuclear Valley，NSL，Optitec，PEC，Plastipolis，PMBA，PMM，PMV，Pôle Avenia，Pôle de la filière de l'Eau，PVF，Qualitropic，S2E2，SAFE，SCS，SYSTEMATIC，Techtera，Tenerrdis，Valorial，Vitagora，Xylofutur。

能、集成电路、生物技术、生态技术、能源、材料、信息和通信技术等14个行业，分布在全法各地。其中，以巴黎、里昂、马赛等大都市为依托，以法国优势产业为基础的竞争力集群最具代表性。

（1）巴黎经济圈（法兰西岛大区）

①Astech航空航天产业竞争力集群

Astech集群是法国第一个地区性航空航天产业研发集群，主要包含四大全球领先的产业门类：公务机、航天运载、推进器、零部件。集群汇集242家企业和52家研究、培训机构，创造就业岗位超过7万个，其中研发人员2.8万余人。法国航空航天研发预算的43%出自该集群。目前共有国家级研发项目39个，研发预算1.89亿欧元，公共投资8100万欧元。该集群项下知名企业主要有赛峰集团Villaroche航空发动机厂、达索工业集团系统公司和飞机制造公司。

②Systematic创新制造业竞争力集群

Systematic集群位于巴黎南郊帕莱索市，是巴黎周边重要高新产业集散地和创新制造业引擎，主要包含九大创新产业：交通、能源、数码软件、数字安全、医疗健康、企业管理信息系统、电信、智能城市、未来工厂。集群汇集810家企业和142家科研机构，中小企业超过一半。目前共资助研发项目458个，总金额超过25亿欧元，其中政府预算达8.55亿欧元。集群还为制造业中小型企业量身定制 5 大发展平台，包括人力资源培训、商务推广、国际化扶持、制定创新战略、吸引投融资，全方位提升中小企业的市场竞争力。该集群项下知名企业主要有雷诺技术研发中心、La Calhène 机械手系统公司。

（2）里昂经济圈（奥弗涅—罗纳—阿尔卑斯大区）

里昂及其所在的奥弗涅—罗纳—阿尔卑斯大区是法国仅次于巴黎的第二大高科技企业聚集区。该区域传统优势产业包括生物医药、电子与信息、化工、机械、汽车、塑料加工、高科技纺织、服装、林业、食品加工等，拥有 77 万家企业和 50 万个就业岗位。为加速推动科技创新与发展，奥罗阿大区近年来围绕里昂、格勒诺布尔等核心城市集中创设了 14 个优秀竞争力集群，范围涵盖数字化技术与识别系统、智能移动技术、纺织新材料、人类健康及传染性疾病、工业流程、能源网络与储备、能源高效智能建筑、体育—旅游—山区整治开发服务业等。

“欧洲创新之都”格勒诺布尔是法国高等教育和科研机构最密集的城市，拥有雄厚科技创新实力，每年吸引 2 万多名来自世界各地的科学家。尽管自身并不具备明显的区位优势，但得益于 20 世纪 50 年代法国政府战略布局，以及为疏解巴黎首都功能而实施的“去中心化”国土规划整治政策，大批法国、欧洲乃至世界顶级的科研机构、大学和跨国企业相继落户于此。经过70余年发展，目前已形成以5个大科学装置为依托，信息技术、能源、物质等学科跨领域交叉融合，基础研究、应用研究和产业部门跨机构协同发展的创新生态，是法国具有全球辐射力的高科技竞争力集群，也是欧洲新一代技术的设计和生产中心。

①格勒诺布尔 Minalogic 微电子产业竞争力集群

集群位于格勒诺布尔市，主要产业包括微电子与纳米电子技术、图像处理与设计、计算机软件开发等，被誉为“法国硅谷”。集群创立于2005年，汇集350家企业和30多家科研机构，中小企业占3/4。目前该集群共资助研发项目586个，总金额达22亿欧元，其中公共投资8.81亿欧元，完成项目72个，86款产品实现了商业应用。近年来，Minalogic 集群聚焦通信、健康、家居能源、智能制造、防务安全、城市交通、山地运动7大新兴产业市场，不断提升法国微电子产业竞争力，研发出支付场景捕捉和监控系统、人机界面识别、大数据处理和虚拟化等多项全球领先技术。该集群项下知名企业主要有意法微电子 Polygone 研发中心、法国原子能委员会电子与信息技术实验室、欧洲同步辐射光源、法国液化空气集团。

②里昂 Techtera 纺织新材料竞争力集群

Techtera 集群成立于2005年，主要研究纺织品等纤维面料、软性材料，复合材料创新，除传统纺织品外，还包括皮具、纸张、膜、聚合物膜和化纤等各类高科技和功能性面料。目前共有 548 家会员单位和 5.8 万个就业岗位，全球营业额 132 亿欧元。集群完成的硅树脂和聚氨酯材料研发项目，已广泛用于建筑、服装、飞机内饰等多个产业。该集群项下知名企业主要有 Brochier 丝绸坊、法国皮革技术中心欧洲实验基地。

③里昂 Axelera 化工与环保科技竞争力集群

Axelera 集群位于里昂市南郊，主要研发方向为化工产业和生态环保技术等创新项目。现有会员机构 345 家，其中中小微企业 116 家，初创企业 51 家，科研和培训机构 76 个，优势领域包括可再生原材料、环保高效工厂、工业新材料和产品、再循环处理、自然和城市空间的保护和恢复等。集群资助项目 286 个，总金额超过 8 亿欧元。近年来取得多项技术应用成果，特别是不含锡和水银的新型无毒催化剂可用于标签纸和纺织品表面涂层，以及具有高效散热性能、能够在高温环境下工作的小型化学反应器等项目填补了国际化工产业空白。该集群项下知名企业主要有罗迪亚化工研究所、阿科玛化工 Pierre - Bénite 生产平台、法国石油与新能源学会里昂研究所。

（3）马赛经济圈（普罗旺斯—阿尔卑斯—蓝色海岸大区）

马赛及其所在的普罗旺斯—阿尔卑斯—蓝色海岸大区地处地中海沿岸，历史上是欧洲同外界沟通的枢纽和商品集散地，可覆盖4亿人口规模的消费市场，区位优势明显。该区域结合自身高科技企业数量多、单一企业规模小、区域内分布较为分散的特点，从2005年起依托马赛市吕米尼园区、阿维尼翁AGROP-ARC园区、尼斯市索菲亚·安提波利斯园区等核心城市已有的大中型科技园区平台，打造了一批竞争力集群，涵盖生物医药、农食产品加工、航空航天、光学影像、信息通信、海运物流等门类，并利用区位优势将科研和生产、贸易、物流等环节充分结合，打造高新技术从实验室到消费端全产业链发展，充分发挥高新技术辐射作用，提升区域整体竞争力。

①马赛欧洲生物医药产业竞争力集群

该集群建立于2009年，目前共有253个成员单位，其中包括200多家企业（大多数为生物医药领域的高精尖企业）以及40多个研究和培训中心。集群瞄准国际先进生物医药科技，致力于加强企业、公共实验室、培训机构之间的联系，促进健康卫生领域创新，加强企业能见度和竞争力，帮助中小企业发展。

该集群主要业务包括各种传染性、热带和新发疾病的治疗，各类罕见病防治，医疗设备研发，免疫学和相关治疗方案研发，神经、老年和残疾病理学研究，抗生素使用和耐受性研究，细胞及血液技术，病毒库更新，基因转录疗法，医药视频卫生监控系统，医用护理机器人等。该集群项下知名企业主要有吕米尼科技园区、维克制药集团、Genbiotech 生物科技公司。

②阿维尼翁 Terralia 农业竞争力集群

Terralia 集群位于阿维尼翁市，是涵盖农业、农食加工和农业科研的竞争力集群，优先关注领域包括数字农业、农业保护和改造、改善农产品品质、农食企业可持续性发展等。集群成立于 2005 年，总投资超过 5 亿欧元，目前拥有 280 家会员企业、4500 名研究人员、300 多个创新项目，创造 10 万余个工作岗位。该集群项下知名企业主要有 BIONOV 公司、AGROPARC 食品高科技工业园区。

③马赛 Safe Cluster 安全和航天产业竞争力集群

Safe Cluster 集群核心技术包括：安全和风险管理解决方案、航空航天和国防技术的新用途应用、创新型人员和环境安全解决方案、欧洲安全解决方案网络。主要项目涵盖海绵城市、网络安全、军事安全等领域，主要产品包括直升机、卫星、飞艇及相关操作系统。此外，该集群将空间、数字应用领域相结合，发起“地球加速器计划”，使各相关产业都能从空间数据和数字技术中受益。该集群项下知名企业主要有空客直升机公司总部、马赛水务集团。

3. 法国优势科技的概况

法国曾是世界科创中心，至今仍是世界科技强国。从第二次世界大战后至20世纪70年代，法国得益于国家干预的经济模式和“集中力量办大事”的产业政策，在五年中长期规划的指引下，工业化建设和科技水平突飞猛进。其间，科技创新优势催生空中客车、阿尔斯通、阿尔卡特、苏伊士、法国电力、雷诺等一大批“工业之花”横空出世，在细分产业领域迅速占据全球领先地位。时至今日，法国是欧洲乃至世界一流科技强国，在数学、物理学、化学、生理学、医学等基础研究领域具有传统优势，是欧洲重要科学中心之一。21世纪以来，法国相继制订了竞争力集群、未来投资计划、新工业法国计划、未来工业计划等一系列科技创新计划，并取得了丰硕的科技成果，为法国保持世界科技强国地位形成了坚实支撑。

改革开放以来，得益于中法科技大项目合作，中国民用核能、航空航天、高速铁路等大项目吸收法国先进技术，才能从无到有、从弱到强。近年来，法国积极搭建产、学、研一体化的协同科技创新体系，在高精尖工农业生产与高端制造业领域保持着创新强国的地位。[①] 积极与法国优势科技对接，有利于中国进一步融入全球创新网络，培育创新发展新动能。

（1）航空

法国是欧洲第一大航空强国，航空工业领域技术系统全面，主要包括大型民用客机、运输机、军用战机、军用直升机等整机系统，飞机发动机等关键零部件，以及机场建设、空域管理等多项优势技术。空中客车、泰雷兹、赛峰、达索等“工业之花”均为全球航空业高尖精企业，拥有独立于美国的全产业链优势。

第二次世界大战结束后，法国航空科技明显落后于美国、英国、苏联等国家，为奋起直追，法政府采取多项振兴措施，走上了一条先仿制，再改进，最后开展独立自主研发的道路，使法国航空工业在较短时间里迅速跻身世界航空强国之列。[②]

由于人力财力有限，航空工业投入庞大，法国政府始终重视通过国际合作分担经济与市场风险，在科技合作中强调维护法国利益。[③] 法国、德国、英国合作

---

① 李伟红：《法国科技体制改革的研究与借鉴》，《产业与科技论坛》2007 年第 4 期，第 67—68 页。

② 黄宁燕、孙玉明：《法国科技创新分析》，《全球科技经济瞭望》2008 年第 12 期，第 26—29 页。

③ 王雪、宋瑶瑶、刘慧晖、杨国梁：《法国科技计划及其对我国的启示》，《世界科技研究与发展》2018 年第 3 期，第 261—269 页。

建设的空中客车集团实现了欧洲合作研制大型干线客机，打破了美国一统天下的垄断局面。空客计划中，资金和技术都不占优势的法国将空客总部和关键发动机总装线设在法国，最后掌握整个项目的控制权。

法国拥有诸多全球航空业领军企业：泰雷兹集团是设计、开发和生产航空、防御及信息技术服务产品的专业电子高科技公司，注重军民融合发展；赛峰集团拥有航空航天推进器、航空航天设备、防务安全、通信四大核心技术部门，主要研发民用及军用市场的飞机、直升机、导弹、航天推进器等高科技解决方案；达索集团作为欧洲最大军用飞机制造商，具备独立研制军用和民用飞机的能力，生产的“幻影”“阵风”战斗机享誉全球，近年来也涉足政府高级公务机领域；空客集团集航空、航天和军工于一体，近年来整合了欧宇航、空客防务、空客直升机等多家领军企业，除飞机制造外，业务已扩大到航空通信系统、导弹、直升机、军用运输机等领域。

新冠肺炎疫情暴发后，法政府投入巨资救助航空工业。重点包括创建总额 3 亿欧元的航空业创新补贴基金，未来三年支持航空业中小企业向数字化和自动化转型升级；未来三年提供 15 亿欧元专项投资，用于降低飞机能耗、氢能等碳中性燃料应用、电气化升级等航空新技术研发，力争 2035 年研发成功“碳中和”

飞机；法主要航空公司也在加速创新换代步伐，法航宣布提前两年退役 A380 大飞机，换购更节能环保的 A320、A350 等机型。

（2）航天

法国是欧洲第一航天大国，也是继美国、俄罗斯之后的全球第三航天大国，是世界上第三个用自制火箭成功发射人造地球卫星的国家。法国不仅拥有国家空间研究中心（CNES）等国际一流空间科研机构，确保法国始终处于全球航天科技最前沿，还以其基础雄厚的航天工业，成就了赛峰、泰雷兹、阿利亚娜宇航等多家全球著名大型企业，具备独立或牵头研制各种大型运载火箭、通信卫星、侦察和对地观测卫星、大型航空器的能力，航天工业规模、从业人数、销售额均位列欧洲之首。法国还是建立欧洲空间局的主要倡导者和主导者，长期坚持欧洲航天技术的独立性，是欧洲空间局 18 个成员国中出资最多的国家，也是欧洲伽利略计划、哥白尼计划等科研平台的重要参与国。法国已有 11 位航天员独立完成在国际空间站的工作，人数仅次于美国和俄罗斯。

法国除了自行研制或与他国联合研制人造地球卫星以外，还承担阿利亚娜号运载火箭的大部分研制工作，在法属圭亚那的库鲁建造了欧洲航天中心，逐步形成基础雄厚、技术先进、集教育科研设计和生产为一体、结构完备独立的航天体系。目前，法国在欧洲空间局框架下研制生产的各型运载火箭、卫星、航天器均具有较高技术和应用水平，其中通信和遥感卫星性能位列世界先进水平，打破了美国对国际商业通信卫星研制市场的垄断，成为“阿拉伯卫星”“土耳其卫星”等重要次区域航天项目的主承包商，由阿利亚娜5型火箭执行的发射任务多年来占据全球通信卫星发射市场的40%以上。

为保持法国在航天领域的领先优势，近年来法国政府采取了三大举措：一是继续发展阿利亚娜运载火箭。阿利亚娜6型火箭于2020年内如期执行首次发射任务，保持了法国利用火箭开发外太空的能力，确保了法国在卫星特别是通信和空间观测领域的领先地位。二是制定服务公众战略。利用伽利略和哥白尼计划等欧洲科研平台，加强地球观测和空间数据挖掘，同公众日常生活应用对接。三是将应对气候变化打造成法国航天工业新疆域。2015年法国成功举办巴黎气候变化大会并通过《巴黎气候变化协定》后，发射了全球首颗用于监测碳排放的卫星，联合中国、德国、英国、意大利、日本等国航天机构以及联合国、欧盟等国际组织发起召开全球航天机构领导人峰会，通过了《构建空间气候观测平台巴黎宣言》，旨在利用空间技术的全球观测能力开展国际合作，实现对关键气候变量的系统观测、卫星数据校准和交叉定标、天基和地基观测数据与模型融合等策略架构。

CNES 成立于 1961 年，是制定和实施法国航天科技政策的核心机构，代表法国政府参与欧盟航天合作框架。CNES 聚焦火箭发射、科研、观测、通信和国防五大战略领域，为保持法国和欧洲在全球航天产业的竞争力和领导力提供专业支持。近年来，CNES 一是通过下设的图卢兹航天中心实施科研任务，包括与工业和科学实验室合作设计、开发、组装、操控各类卫星、探测器、航天车辆和航天气球，并进行轨道计算，参与了美国火星探测计划、中法海洋卫星和天文卫星合作等项目；二是研究探索未来欧洲航天发射器升级，包括固体推进器变革、航空电子设备、氧气—煤油发动机等新技术；三是开展地球科学观测，通过研发新设备、应用大数据参与国际社会的地球观测任务，如欧洲空间局“生存星球”计划、美国 NASA 海洋科学研究计划、SWARM 地球磁场任务、SMOS 海洋盐度和土壤湿度测量、印度 Megha - Tropiques 热带水循环监测卫星等；四是研发通信卫星，先后成功开发了 Alphabus 通信卫星平台及其各类有效载荷、Cospas - Sarsat 海上和地面搜救系统、伽利略欧洲导航卫星服务验证系统等；五是重视基础研究，CNES 重点通过天文学、太阳系研究、基础物理学等基础研究带动空间新技术的发展，近年来在太阳系统起源和运行、宇宙基本定律、宇宙形成过程和结构、形成行星和生命的条件等基础研究领域取得诸多突破性成果，主导了欧盟柯罗太空望远镜的实施，并成功在国际空间站安装实验原子钟，积极开展基础物理探索。

（3）核能

法国是全球核能研发大国，核电机组装机容量继美国之后位列世界第二，核电年发电量占法全国总发电量的76%，是世界上核能发电比例最高的国家。

法国核电科技发展是技术合作、引进、消化、吸收和创新的最为典型实例。[①] 从1973年石油危机后引进美国西屋公司压水堆起步，逐渐将核电作为国家的基础能源来源。通过十年学习，全面掌握了反应堆设计、核岛设备制造、核电站管理、核电标准化体系建设等技术，成功独立研发了自己的第二代标准化核电站，至今已建成58台二代压水反应堆机组，分布在全国19个场址。目前，法国是全球唯一拥有核电站建设、运营、核燃料循环、核废料后处理、核安全保护等核电全产业链技术的国家。此外，法国还高度重视核聚变能源的研究，建有全球唯一全钨偏滤器托卡马克核聚变实验装置，也是国际热核聚变实验堆计划的

① 黄宁燕、孙玉明：《法国创新历史对我国创新型国家创建的启示》，《中国软科技》2009年第3期，第89—99页。

总部和反应堆所在地。

法国电力集团是法国核电工业主要龙头企业。阿海珐集团则是法国核电科技创新的源泉，一度在全球核电产业中排名居首。2016 年阿海珐宣布重组，绝大部分核反应堆业务被出售给法国电力集团，核燃料循环前端、后端、铀矿及相关燃料循环服务业务重组为欧安诺集团。

近年来，法国政府吸取核电建设、管理成本过高拖垮阿海珐的教训，积极思考未来核电发展趋势。一方面积极推广欧洲三代压水堆技术，已同中国企业合作完成全球三代压水堆首堆——台山 1 号、2 号核电机组，还在英国欣克利角启动三代压水堆项目建设。另一方面推进第四代反应堆研发，结合 2025 年将核能发电比重降至 50% 的可持续能源目标，积极研发能效更高、成本更低、环保更强的“绿色”核电技术。

（4）新能源

为加强环境保护、提高绿色能源比例、履行《巴黎气候变化协定》减排承诺，法国政府近年来陆续制定了新能源研发计划，包括 1996 年的“太阳行动”、2003 年的《可再生能源发电计划》、2015 年的《绿色发展能源过渡法》、2020 年的《国家氢能源战略》等，系统性地提出了法国可再生能源发展规划。通过对能源战略实施重大转型，法国政府旨在更有效地参与应对气候变化、加强能源独立性，更好地平衡能源供应多元化。

法国政府一是出台低碳能源卓越研究所计划，通过建立公共和私人机构在科研、培训、创新领域的战略联盟，加强能源生态系统建设，加速研发引导未来能源的新技术。二是制订未来投资计划，投资 10 亿欧元资助低碳能源领域的科研机构，主要研究方向包括建筑物能效、海洋能源、太阳能、植物化学能源、工业生物能源等技术，以及能源智能管理网络等。三是加大对新能源电动汽车的推广和应用。2020 年 5 月，法国政府宣布将于未来两年内投资 10 亿欧元，重点支持与清洁能源汽车相关的科技创新，其中 1.5 亿欧元直接用于研发，1 亿欧元用于安装 100 万个充电终端，方便民众清洁出行，从而达到环保目的。[①] 法国借鉴欧洲多国合作建设空客集团的成功经验，将同德国联合投资 60 亿欧元，打造汽车电池领域的“空客”级企业。法国车企也不甘落后，标致—雪铁龙集团 2021 年宣布同法国能源巨头道达尔集团共同投资 20 亿欧元兴建汽车电池全产业链，其中投资额达 4 亿欧元的电气化动力组件工厂计划于 2022 年投产。

---

① European Economic and Social Committee, “Strategic Action Plan on Batteries”, 17 July 2019, https://www.eesc.europa.eu/en/our-work/opinions-information-reports/opinions/strategic-action-plan-batteries-report.

近年来，顺应全球及欧洲应对气候变化、绿色增长的潮流，法国政府也投入巨资，推动碳排量最大的产业实现绿色转型，研究开发氢能成为重中之重。2020年9月法国政府颁布的90亿欧元支持企业去碳化转型和创新能源项目中，20亿欧元用于研发绿色氢能。法国政府2018年出台的《氢能产业发展计划》、2020年4月出台的《国家多年期能源计划》以及9月出台的《国家氢能战略》中，将低能耗、低排放的“绿氢”单独列出，作为法国可再生能源产业重要组成部分，计划到2030年共投资72亿欧元用于氢技术研发，目标是建成6500兆瓦的可再生电解槽，实现“绿氢”年产量60万吨，减排二氧化碳超过600万吨。[①]

法国政府力推“绿氢”的跨专业协同研发，激发产学研活力。法国原子能和替代能源委员会和国家科研中心重点围绕氢燃料制造、存储、运输开展研发，初步打通氢燃料电池链的上游；法国国家石油与新能源研究院则聚焦可持续交通、可再生能源、气候与环境等下游应用，在全球范围内与超过100个学术及工业伙伴、跨国公司和中小企业开展“绿氢”合作。

---

① Ministère de l’Economie, des Finances et de la Relance, “Stratégie nationale pour le développement de l’hydrogène décarboné en France,” 8 september 2020. https://www.economie.gouv.fr/plan-de-relance/profils/collectivites/strategie-nationale-developpement-hydrogene.

凭借在可再生能源领域的雄厚技术实力，法国企业已遍布整个氢能价值链，部分企业在欧洲乃至全球范围内成为行业翘楚。在制储环节，法国液化空气集团数十年来一直是世界最大氢气生产商和储备商之一。设备制造环节，迈克菲专业从事高压碱性电解槽和加氢站的设计、生产和集成，生产的制氢和氢能配电设备全球领先。[①] 氢能供给环节，法国电力集团、恩基集团等法国大型能源集团堪称全欧工业冠军。大批中小企业、初创企业也为法国可再生能源产业持续注入活力，形成了“主力厂商 + 设备供应 + 配套服务 + 基础研发”的全产业链生态。

（5）生物医药

生物医药是法国传统优势科研领域。法国在生命科学研究、临床医学、药学、公共卫生防控等领域位居世界前列，拥有国家健康与医学研究院、巴斯德研究所、居里研究所、笛卡尔大学等多所国际顶级科研机构和高校，以及赛诺菲、施维雅、益普生、皮尔法伯、加柏、LFB 等多家顶级制药企业，支撑法国医药创新。法国共有 13 位科学家获得诺贝尔生理学和医学奖，1950 年以来共取得近百项原创性医学突破，重点领域及代表机构包括以下 6 个领域。

---

① McPhy，https：//mcphy. com/en/markets/industry/.

①基因治疗领域

法国早在20世纪50年代就开始研发基因治疗技术和创新型临床研究。该领域较有代表性的机构包括法国罕见病研究所和基因谷。法国罕见病研究所是法国从事遗传疾病研究的专业机构和基因治疗的探索者，下设Généthon基因研究中心、肌病研究所、干细胞治疗单基因疾病研究所等机构，每年总经费的一半以上投入科研，取得一系列重要成果：1990年公布第一批人类基因组图谱，并创建欧洲最大DNA库；1996年完成人类肌肉和人脑的基因测序；2000年首次对新生儿实施基因治疗获得成功；2010年建成世界上第一个治疗罕见疾病的基因药物生产中心。基因谷是法国第一个科技园区，专业从事生物治疗和遗传学、基因组学、后基因组学、异生物学等新兴学科的基础研究。历经20年发展，基因谷已拥有19个学术研究实验室、86家生物技术公司、20个科学平台和共享技术平台，以及可容纳1000张病床的医疗中心。

2016年，法国政府公布“法国基因组医学2025战略规划”，由国家科研中心、国家健康与医学研究院、法国原子能和替代能源委员会、农业科学院、巴斯德研究所、居里研究所等19家法国顶级公立、私立科研机构和企业共同参与。未来10年，法国将围绕建立全法基因测序平台、国家信息分析中心、国家文献创新技术和转化平台等建设，形成卫生、科研、教育、创新有机集成，为民众提供更完善的健康服务，提高生活质量。

②新发传染病领域

法国在新发传染病科研领域享有全球声誉，不仅具有一流科研机构和设施，在全球疫情高发地带还建有高效敏感的国际合作网络。巴斯德研究所是1887年法兰西科学院为微生物学先驱路易·巴斯德创办的私立研究机构。经过百余年建设，巴斯德研究所不但取得了首次发现并分离艾滋病病毒等一系列重大科研突破，还在全球26个国家设立了33个研究网点，在应对狂犬病、白喉、破伤风、结核、小儿麻痹、流行性感冒、黄热病、乙肝和鼠疫等重大人类公共卫生安全挑战过程中作出突出贡献，近年来在非典、手足口病、埃博拉、寨卡病毒等疫情防控过程中发挥了举足轻重的作用。

③基础研究领域

国家健康与医学研究院是法国在健康和医学领域最大的专业性公立科研机构，排名欧洲第一、全球第二。研究院下设9个研究所，主要从事细胞生物学、分子生物学、遗传学、生理学、生理病理学、基因治疗、流行病学、医学影像学等50多个学科的基础与应用研究。其中85%以上的科研单元由法国各大学医学院、医院以及国家科研中心、巴斯德研究所等共同资助和管理，现已成为欧洲拥有专利注册最多的生物医学研究实体，拥有 1500 多份专利。[①]

④制药领域

法国政府极其重视制药行业发展，鼓励企业加强研发创新。法国制药企业超过 10% 的药品销售收入用于科技研发，平均每年研发投入达 40 多亿欧元。持续的研发投入保证了法国制药产业的综合竞争力。法国制药企业产品创新性、专业性强，优势领域包括心血管、糖尿病、神经系统、疫苗等，在植物提取物、眼科用药等细分领域表现突出。

⑤老龄化领域

近年来，法国老龄化程度持续加深，已成为全球最早进入老龄化社会的国家之一。法国政府利用庞大的老年群体对相关产品和服务的迫切需求，打造“银色经济”新增长点。法国“银色经济”产业在老年医学、社会保障、专业培训和服务、特种用品和设施等领域拥有丰富经验，近期将施力重点转向“银色科研”。图卢兹国家老年医学中心在抗阿尔兹海默症领域科研全球领先，积极开展与长寿相关的研究，致力于发现并预防导致老年人独立性丧失的疾病、促进老年

---

① Inserm, Connaître l'Inserm, https://www.inserm.fr/connaitre-inserm.

人群健康。该中心牵头创建了欧洲阿尔兹海默症联盟，促进全球50多个国家参与研究网络，获得了欧盟委员会专项资金支持，成为世界卫生组织在老龄化领域认证的11个合作中心中唯一一家从事老年虚弱和临床研究的机构。①

⑥数字医疗领域

2017年法国新政府上台以来，高度关注医疗产业数字化，公布了《国家卫生健康战略2018—2022》，确定了预防、医疗资源便捷性、质量和安全、创新4个优先发展方向，大力推行数字医疗服务并进一步推行电子病历系统。② 未来5年，法国政府将投资49亿欧元加强卫生医疗系统数字化建设，更新医院设施，开展医学基础研究，推动同一地区医院间的数字化信息共享。主要投资方向包括：4.2亿欧元推动医院信息系统现代化的“数字医院”计划；1.3亿欧元促进卫生专业人员信息交流的“电子课程”计划；1亿欧元开发大型公共卫生数据库的人工智能工具，以改善患者的预防、诊断、治疗和随访。

---

① EADC，http：//www.eadc.info/sito/pagine/home.php.

② Ministère des solidarités et de la santé，la stratégie nationale de santé 2018 – 2022，20 décembre 2017，https：//solidarites – sante.gouv.fr/systeme – de – sante – et – medico – social/strategie – nationale – de – sante/article/la – strategie – nationale – de – sante – 2018 – 2022.

（6）创新农业

法国是欧洲第一大农业生产国，农业用地占法国国土面积的54%，占欧盟农业用地的16%，而农业人口仅占全国总人口的2.7%，可见法国农业的机械化、自动化和现代化发达程度。

法国农业的发展离不开科技的支撑。第二次世界大战后，法国农业走过了机械化、电气化、信息化阶段，如今已进入以可持续发展为目标的新阶段。法国政府鼓励农民寻找和实践有利于保护环境、可持续发展的新型农业发展模式。一是十分重视创新体系的引导。政府向使用创新农技的生产经营企业提供低息贷款和优惠税收政策，扶持创意农业产业和科技创新企业大踏步发展。二是重视农技示范和技术推广。把生物、机械、化学、电子等高精尖科技成果广泛应用于农业生产之中，从而提升农产品技术含量，不断推出农业新品。三是聚焦未来挑战。法国政府在现有农业科技基础上，面向应对气候变化、粮食安全、能源转型等挑战，围绕实现粮食安全目标、发展农业多样性、建设应对气候变化的农林体系、提供可持续的粮食、实现生物资源的互补利用五大优先主题制定了2025农业科技发展总体战略。

在创新农业支撑体系上，法国农业科学院牵头，根据法国国内不同地区的气候条件、资源分布、优势特色，合理布局分配资源。近年来，农业科学院通过国家立项、重点扶持等方式，对多个农业领域的科技发展投入研发力量，强化对未来农业科技的探索。一是在全国配置多个研究平台，集中力量开展“农作物表型组学项目”。二是建立沿海松木阿基坦木材工业联合会，整合工业、科研、培训三方力量，降低林木培育成本，改进加工方法，分享技术监测结果，实现智能林木经济。三是整合 AMORA、雀巢、PANIDOR、默克等法国和欧洲的食品龙头企业，勃艮第大学、第戎高等农学院、国立高等营养和食品应用学院等重点高校，以及农业科学院、国家科研中心等机构共同实施农技创新项目。四是由法国肉类行业技术中心和亚德里亚食品公司牵头建立肉类制品屠宰、分割、加工领域的研究、教培、生产一体化机制。五是推动生态农业可持续发展。在新冠肺炎疫情后法国政府推出的绿色转型计划中，专门拿出 12 亿欧元用于改善土壤过度利用的科学研究，以确保法农业用地和农食生产可持续性。①

① Ministère de l'Economie, des Finances et de la Relance, “Building the France of 2030 today: French recovery plan's measures for investors”, Rédigé par DG Trésor, Publié le 12 novembre 2020, https://www.tresor.economie.gouv.fr/Articles/53c71f49-efc7-4bd0-ac6e-e9138efc0656/files/60d3f689-3c28-41aa-8cd8-613ae4a88ab9.

4. 法国竞争力集群和优势科技的成功经验

（1）通过区域化协同，贯穿产学研通道

同一区域内的产学研机构组成创新平台，各方覆盖从概念到产品的完整创新产业链，资源共享，优势互补，分工协作。各集群集聚各类企业10061家，科研院所和培训机构2531家，其他各类合作方1536家，完全市场化运作，实现大量研发成果转化为产品和服务。特别是法国通过竞争力集群政策的实施，成长与壮大了一大批中小企业群体的核心力量，诸多举措支持中小企业参加各类展览展销活动，参与国际合作项目；支持中小企业提高自身市场开拓能力，引导中小企业加强市场分析预测，把握市场机遇，增强质量、品牌和营销意识，改善售后服务，提高市场竞争力。[①]

（2）通过注入研发资金，带动各方加大投入

法国政府强调以政府角色为主导的中介支持，专为中小企业设立产业集群发展专项资金。[②] 与此同时，法国政府只向研发环节提供资金，侧重于带动企业加大研发投入，吸引社会资金负责研发成果转化并推向

---

① 蒋慧：《巴黎数字角：以竞争力集群实现创意产业大发展》，《华东科技》2013年第6期，第65—67页。

② 艾之涵：《法国软件产业竞争力集群对我国中小企业集群的启示——基于集群网络视角》，《经济体制改革》2016年第4期，第180—185页。

市场，形成完整融资体系。十余年来，各方研发总投入达68亿欧元[①]，其中中央政府和地方政府出资额仅16.32亿欧元，带动其他各方出资51.68亿欧元。巨额社会资本将研发成果转化为产品，既获得可观利润，又达到保值增值目的。

（3）通过税收优惠政策，引导社会资金参与

法国于2013年起设立竞争力和就业净纳税额优惠减税措施和科研优惠减税措施，年均财政预算的减税额达800亿欧元以上。此外，法国还专门针对集群企业出台减税措施，帮助其累计吸引天使基金、风投基金等私人投资超过18亿欧元。

（4）通过多层次筛选，严把认证"入口"

法国政府筛选竞争力集群的资格主要有三个考量：一是地方主题性重点产业；二是高附加价值产业；三是厂商间的跨领域融合性，透过这些属性，集群内的各主体才可以相互合作、彼此联结。法国政府制定了一整套集群立项申请筛选措施，第一阶段由地方政府负责审核、申报，第二阶段由各部委和专家主持复核、筛选，第三阶段由政府高官组成委员会确定正式名单，政府与集群签订绩效考核合同后正式"挂牌"。在竞

① Commissariat général à l'égalité des territoires, Régions de France, financement des pôles de compétitivité, 26 juillet 2019, https://www.europe-en-france.gouv.fr/fr/ressources/guide-le-financement-des-poles-de-competitivite.

争力集群实施过程中，CIADT 通过设置机制化的评估方式，以淘汰不成熟集群并新增集群的方式，实现国家科创战略的“与时俱进”。例如，在淘汰不成熟集群方面，CIADT 于 2009 年 12 月在政府先前邀请的 13 个“需要深度重组”的集群中，剥夺了 6 个集群的标签；在新增集群方面，为实现联合国 2030 可持续发展目标和欧盟《2020 气候和能源一揽子计划》[①]，CIADT 于 2010 年 5 月新设 6 个专门用于生态技术的新竞争力集群的标签，分别为蒙彼利埃的水务集群、中部大区的梦想集群、洛林地区的大陆水管理集群、滨海大区的阿韦尼亚集群、北加莱的第 2 梯队集群和阿尔萨斯的 Energivie 集群。[②]

（5）通过外部独立评估，预留淘汰机制“出口”

法国政府聘请外部独立机构，评估政策效率，提出政策建议供政府参考，同时审查各集群绩效表现是否符合绩效合同。2015 年有 5 家咨询机构参与外部评估，发现 13 个集群因“内部缺少中小企业参与”等原因而被责令整改。

---

① European Commission, “A Clean Planet for all – A European strategic long – term vision for a prosperous, modern, competitive and climate neutral economy”, Brussels, 2018.

② Techno – Science, Évaluation de la politique de pôles, https://www.techno – science.net/glossaire – definition/Pole – de – competitivite – France.html.

（6）通过支持政策倾斜，形成科技创新梯队发展格局

法国对不同等级的集群，确定不同的战略使命和发展目标。在投入研发经费的68亿欧元中，有50%的资源集中于7个具有世界领先水平的集群。紧随其后，有望达到世界领先水平的有11个，国家级的有53个。

（三）德国未来优势产业发展与深圳对接建议

1. 德国未来优势产业发展与国际合作规划

2019年底，德国经济与能源部发布《国家工业战略2030》，出台背景在于，近年来美国和中国对于大型科技公司进行数千亿的私人与公共投资，而德国和欧盟对于科技领域的国家投资相对较低，该战略旨在进一步提高德国的创新能力，在新一轮世界产业竞争中保持领先地位，警告德国不能在未来技术领域从“规则制定者”（rule - maker）沦为“规则接受者”（rule - taker）。为此，德国联邦政府从战略角度出发，突破多年来鼓励市场自由竞争的传统，加强政府对未来行业与关键领域的有选择性干预措施，以期进一步提高德国及欧洲工业竞争力。

该战略梳理德国已处于领先地位的9大关键工业

领域，包括：钢铁铜铝工业、化工工业、机械与装备制造业、汽车及零部件制造、光学与医学仪器制造、绿色环保科技部门、国防工业、航空航天工业以及3D打印。[①]对于上述行业，《国家工业战略2030》罗列出三大支柱，即：改善德国作为工业基地的框架条件；加强新技术研发，调动私人资本；在全球范围内维护德国工业的技术主权。更为重要的是，该战略文件在“加强新技术研发”章节中，描绘了未来德国工业技术的重点发展领域。指出人工智能、电动汽车及电池组研发、氢能源等可再生低碳能源技术开发与应用将成为德国未来重要行业领域。[②]文件还提及了其他改变“游戏规则”的未来技术，包括“工业4.0”技术、纳米与生物技术、新材料、轻结构技术以及量子计算机的研发。这也反映出未来德国提升全球竞争力与创新驱动力的行动路径，即智能化、供应链多元化以及环保低碳化。

2021年9月底，德国迎来“后默克尔时代”，在全球产业转型竞争以及气候政策压力日增的背景下，

① 郑春荣：《德国国家工业战略2030及其启示》，中国社会科学网，http：//www.cssn.cn/gjgxx/gj_ ozyj/201912/t20191210_ 5056305_ 1.shtml。

② “Industriestrategie 2030 – Leitlinien für eine deutsche und europäische Industriepolitik”, Bundesministerium für Wirtschaft und Energie, November 2019.

德国联邦政府对于未来产业的选择性干预必将持续。2020年，新冠肺炎疫情增强了德国产业界在世界竞争中的“危机感”，这在一定程度上也催化其转型进程，特别是传统优势行业的转轨，如汽车和零部件产业、钢铝产业以及煤电退出等。未来德国将在可再生能源以及可持续生态领域投入大量资金与人力，以气候保护为导向的国际合作更是必不可少的环节，特别是在绿色经济与可再生能源等领域。

长期以来，德国工业界与德国政界具有自下而上的倡议渠道。德国政界的政策战略也多出于工商界建议。德国工业联合会（BDI）在2021年7月16日发布建议性文件，为德国政商界构建与中国和俄罗斯的经济关系提供指导性建议，旨在与“制度性竞争对手”国家寻求竞争与合作中的平衡，主张按照欧盟和德国的价值观与经济模式行事，提出企业应在政治问题上表明自身态度，协调各自标准，贯彻对外贸易政策中“负责任共存和明确界限的合作”。分析此建议性文件可知，中国是德国对外贸易中的重要目标市场和外国直接投资来源国，但未来德国与欧洲企业将在对华合作中渗入更多价值观因素和欧盟标准，如劳工标准、对等市场开放、公平市场竞争、巴黎协定以及联合国17项可持续发展目标等，以应对中国在经济与科技领域对欧洲的挑战。但该文件也承认欧洲与德国企业要有妥协准备，以确保自身繁荣以及企业在国内和海外市场上的发展与上升机会。此外，该文件明确提出在气候与环境保护领域需要开展与中国合作。①

纵观深圳“十四五”规划纲要，深圳综合改革试点坚持把改革开放和创新驱动力作为推动高质量发展的支柱，以全面深化改革和全方位创新为引领，目标在2030年建成引领可持续发展的全球创新城市，2035年建成全球影响力的创新创业创意之都。经济发展、创新驱动、绿色生态、研发投入以及共建国际一流湾区成为重要指标体系。②对此，本报告将结合深圳“十四五”规划，梳理德国未来优势产业发展趋势，寻求国际对接可能性。

2. 未来可持续交通——电动汽车与电池组研发

（1）德国电动汽车与电池技术发展目标

德国主要政党均要求在21世纪40年代实现碳中和目标，德国和欧洲当局正施加越来越大的政治压力，推进新立法，以确保实现减排目标，这为德国传统汽

① “Außenwirtschaftspolitische Zusammenarbeit mit Autokratien – Diskussionspapier zur Gestaltung der Wirtschaftsbeziehungen im internationalen Systemwettbewerb”, Bundesverband der Deutschen Industrie（BDI）, 07. 2021. file：///C：/Users/Mengmeng/Desktop/德国优势产业/202107_Themenpapier_ BDI_ Autokratien. pdf.

② 《深圳“十四五”规划纲要发布》，深圳政府在线，http：//www. sz. gov. cn/cn/xxgk/zfxxgj/zwdt/content/post_ 8855541. html。

车行业带来较大转型压力。德国与欧盟层面的政治压力和对气候变化的社会担忧已带来跨行业巨变，同时创造了大量国际投资机会。2021 年，德国国际车展（慕尼黑）上电动汽车与电池技术成为主角，可持续交通、城市绿色出行、智能驾驶成为展会热点。①

目前，德国联邦政府已就气候目标达成协议，至 2030 年，德国温室气体排放量与 1990 年相比减少 65%。德国为刺激电动汽车市场已出台一系列扶持政策，如：消费者购买价格达 4 万欧元的电动车可申请多达 6000 欧元的补贴；为满足碳排放规定，汽车制造商需在 2021 年出售电动汽车数量约为 220 万辆；2021 年，将为 220 万辆电动汽车提供约 40 万个公共充电桩。②

2019 年，在德国替代传统动力的新注册车辆中，有一半是电动汽车，德国道路上近 3% 是电动或混合动力汽车。因德国在传统燃油汽车上的制造优势，在历经数年的转型徘徊期后，德国电动汽车行业终于进入发展快车道，无论是电动汽车整车生产还是新型电池技术研发，德国力争在国际市场上占据主导地位，电动汽车市场在德国具有很大的上升空间。德国车企巨

① "Chinas riesiger Vorsprung bei den Autobatterien", Süddeutsche Zeitung, https://www.sueddeutsche.de/wirtschaft/elektroautos-batteriezellen-catl-tesla-1.5406590.

② *Markets*，2020 年第 2 期，德国联邦外贸与投资署，第 9 页。

头在电动汽车领域开始“觉醒”，发起“电动攻势”。比如，大众计划在未来五年投资190亿—330亿欧元开发电动发动机，到2025年让150万辆电动汽车上路，并将在十年内生产75款不同型号的电动汽车。其中大部分车型都将使用大众“模块化电驱动矩阵”（MEB）系统，该标准化工具包可用于制造各种电动车的基本构建块。[①]

（2）德国电动汽车与电池技术研发现状

德国为了实现供应链多元化，减少对于国际制造商，特别是亚洲供应商的依赖，采取外包的模式已渐行渐远，德国政界和商界积极寻求在本土进行电池组技术研究，以期迅速弥补近年来德国传统车企在电动车以及零部件研发上的缺漏，加强电池技术研发、控制制造电池原材料并且在国际市场上占据主导地位，成为德国电动汽车市场的战略规划。

政策层面上，欧盟为欧洲电池联盟（EBA）提供32亿欧元补贴，该联盟由17家公司组成，旨在促进和发展电池芯生产，欧洲投资银行、企业以及科研机构均参与其中，很多电池技术和研究计划都在德国进行。技术与研发层面上，德国在电池技术研发上具有先期优势。戴姆勒几年前甚至是“电动汽车研发的先驱”，但后来自行缩减了研发动作。博世是早期涉足汽车电

---

① *Markets*，2020年第2期，德国联邦外贸与投资署，第7页。

池的企业之一，目前仍在申请多项专利。此外，巴斯夫和西门子位列全球申请汽车电池专利最多的公司行列。在校企人才领域，以德国应用型研究机构为平台，产、学、研紧密结合是推进科研成果迅速转化的重要因素。专注于电化学电池研究的乌尔姆亥姆霍兹研究所（Helmholtz Institute）以及慕尼黑工业大学电气工程与信息技术学院的研究人员致力于开发新型电池，新型电池将使用钠盐或钒盐等更易得的物质，使电池更加环保，可将电池中的钴和镍回收率提高到90%以上。到2022年2月，将有150名科学家在德国明斯特一家新型电池研究中心工作，该中心被称为德国“能源转型最重要的创新项目之一”。它位于明斯特大学电化学能源技术中心，并与弗劳恩霍夫电池联盟（Fraunhofer Battery Alliance）合作，尝试各种技术，各参与公司将能够大量测试和制造实验性电池，以了解新技术的可操作性。[①]大型国际车企，如戴姆勒、福特、丰田等公司也希望参与其中。该中心也获得德国政府7亿多欧元的资助。

（3）德国电动汽车与电池技术领域对华合作契机

除了提高电动车销量以外，充电基础设施以及电

① “Fraunhofer - Allianz Batterien”, Fraunhofer Gesellschaft, https://www.fraunhofer.de/de/institute/institute - einrichtungen - deutschland/fraunhofer - allianzen/batterien.html.

池供应商须无缝连接，为客户创造简单高效互通性。对此，德国了解到中国近年来在电动汽车以及电池生产上的领先优势，承认近年来德国传统车企在电动汽车与电池技术研发上的“疏忽”。目前，传动系统电气化、自动驾驶以及出行服务需要来自不同技术领域的专业知识与专业人才。虽然德国政界与商界均提出供应链多元化的诉求，但德国商业的国际化程度仍较高。为此，德国在电动汽车领域，特别是电池组研发上需要积极寻求与国际供应商的合作对接。

至今，中国市场领导者宁德时代在德国埃尔福特附近已经建成欧洲最大的电池工厂，其主要客户是宝马。蜂巢能源集团已选定在德国萨尔州生产电动车专用电池芯、电池组和高压电池，预计在德国的总投资将达到20亿欧元，为当地创造多达2000个工作机会，计划于2022年中期投产。[①]此外，大众希望与中国合作伙伴一起在德国萨尔茨吉特（Salzgitter）生产电池，保时捷正在为生产高性能电池大量投资。

“十四五”时期，深圳市新增注册汽车中新能源汽车比重达到60%左右，至2025年，新能源汽车保有量将达到100万辆左右，提升公共领域新能源汽车比重、鼓励私人自用领域使用新能源汽车、建设新型新能源汽车充电基础设施、健全新能源汽车安全监管机制是

---

① *Markets*，2021年第1期，德国联邦外贸与投资署，第16页。

深圳市对于新能源汽车发展的核心规划。未来，电动汽车等新能源汽车发展需要以智能化、数字化以及安全性为主导。深圳市在智能化与数字领域的企业优势可以结合德国电动汽车及其电池技术的研发优势，寻求国际人才联合培养、中欧技术与标准的建设性对接，成为中德在该领域的行业新风向标。

3. 低碳能源——绿色氢能

德国致力于成为氢能技术的世界引领者。绿色氢能是实现德国与欧洲气候政策目标的重要支柱，德国汽车行业正处于电动汽车与氢能汽车研发的双轨阶段。通过电解过程，将水分子分解为氢气和氧气，产出的就是“绿色”氢气，以电解技术为核心的电力转化（电转氢）是可再生能源和未来零排放之间的重要环节。不仅在汽车行业，德国计划未来在日常生活中也运用更多的氢能源。比如，冬季用暖、绿色能源供应站、钢铁生产和玻璃工业氢气、氢气与天然气混合发电等。

（1）德国氢能技术发展的政界支持

政策层面上，德国大联合政府确立的目标是在2045年实现“碳中和”，推广氢能源是重中之重。联邦政府致力于支持“绿色氢能”的市场推广，建立相应的国际价值链，并在未来十年内形成一个全球和欧洲的氢能市场。

2020 年 6 月，德国联邦政府发布《国家氢能源战略》，对氢能源行业发展作出重大政策承诺，旨在让德国成为全球氢能技术的领先市场与先进供应商，并且加强欧盟技术主权。长期投资方面，预计至 2030 年，德国具备高达 5 吉瓦的生产设备，生产高达 14 太瓦时的“绿氢”。对此，联邦政府将在 10 年内拨付约 90 亿欧元用于开发相关氢能技术和基础设施。其中，70 亿欧元用于氢能技术在德国的市场推广，为吸引跨国公司投资而专门拨付的资金达到 20 亿欧元。短期投资领域，到 2025 年投入 7 亿欧元项目资金，用于“绿色”氢能研发，目前支持的三个项目为：H2Giga，致力于水电解槽的批量生产技术；H2Mare，借助风力涡轮机直接在海上生产氢能及其衍生物的技术方法；TransHyDE，研发、评估和演示氢气运输技术的项目。

欧盟层面，计划到 2024 年安装 6000 兆瓦的可再生氢能电解设备。预计至 2050 年产生数十亿欧元的氢能源市场价值，带来多达 500 万份工作岗位。[①]

（2）德国氢能技术发展的企业引领

目前，德国西门子以及工业气体巨头林德公司均致力于电解设备的研发投入。西门子公司极力扩张产

① “Die nationale Wasserstoffstrategie”, Die Bundesministerium für Wirtschaft und Energie, Berlin, 6.2020.

能，目前拥有10兆瓦级设施，未来计划建成100兆瓦级以上的工厂。2018年，德国美因茨能源科技园投入运营，集西门子、林德集团、莱茵曼应用技术大学以及美因茨公共事业管理处于一体，共同研发驱动电解设备的风机涡轮，每年可将6兆瓦可再生能源产生的电力转化为氢气。[①]此外，林德公司计划在德国萨安州洛伊纳（Leuna）建立“绿色氢气”基地，投入20亿欧元用于氢能生产、销售、储存和应用。至2022年，将生产世界上最大的24兆瓦氢电解槽，每年产生3200吨“绿色”氢能。届时，该系统大约每年可供应600辆巴士行驶4000万公里。[②]

从全球范围看，工业级液氢设施建设正在提速。戴姆勒卡车与林德集团计划于2023年在德国的一个加氢试点站首次为原型车加氢，两家公司计划在联合研发技术上保持透明性与开放性，并让尽可能多的公司能够参与研发和应用新型液态氢标准的加氢技术以及车辆技术，希望能够将新工艺推广至全球市场。[③]

---

① *Markets*，2021年第1期，德国联邦外贸与投资署，第14页。

② Axel Höpner，“Linde baut in Leuna den weltweit größten Wasserstoff – Elektrolyseur”，Handelsblatt，https：//www. handelsblatt. com/unternehmen/energie/energiewende – linde – baut – in – leuna – den – weltweit – groessten – wasserstoff – elektrolyseur/26794320. html? ticket = ST – 2604408 – oIfbSBfx0SIfH0c9zyMw – ap6.

③ 《戴姆勒卡车与林德合作液态氢补给技术 可让卡车续航里程更长》，搜狐网，https：//www. sohu. com/a/438305018_ 180520。

德国林德集团也已开启投资中国市场的步伐。2020 年，林德对国家电投集团利用可再生能源电解水制备氢气的技术表示高度认同，双方已达成合作共识，明确在“绿色”氢能领域的交流合作机制和发展方向，开拓了中国电力“绿色”氢能技术的国际合作渠道。①

（3）德国“绿色”氢能的国际合作需求

科研领域国际合作。从 2020 年到 2023 年，德国将拨付 10 亿欧元资金用于绿色氢能技术的应用型研究、基础型研究、技术转化以及对大型技术设备的投资。为了确保德国企业和研究机构在氢能技术领域取得国际领先地位，德国积极寻求氢能技术的国际科研合作，旨在建立研究机构、能力中心、培训并招募国际科研人员。对此，德国经济与能源部、德国联邦教育与研究部等多部门协同参与，为氢能产业链的关键技术研发提供政策背书。

国际能源合作伙伴。德国能源转型所需要的大量氢能无法仅在德国生产，其生产能力有限，未来德国将围绕“氢能”扩大国际合作，包括对北海、波罗的海以及南欧国家的合作，以及建立国际能源合作伙伴

① 《戴姆勒卡车与林德合作中电智慧与德国林德集团绿色氢能合作签约》，中国电力国际发展有限公司，http：//www. chinapower. hk/sc/media/news - p181123. php。

关系，开展共同项目和技术研发，建立氢能国际市场。氢及其衍生产品的国际贸易将对德国和欧盟形成新的贸易关系，有利于推进欧盟与德国的工业战略。

区域合作引领。北德尤其适合建立“绿色氢能”经济，该地区在可再生能源生产上独具区位优势，“绿色”氢气购买潜力巨大。《北德氢战略》更加雄心勃勃，到2025年将安装至少500兆瓦的电解氢装置生产绿色氢气，到2030年，总装机容量应增至5吉瓦以上。北德力争在2035年前实现绿色氢经济。①为支持氢能汽车发展，在北德五州，就需建立约250个加氢站。

北德在绿色氢能源经济领域的发展特征是：选择自上而下的氢能发展模式，大力发展可再生能源电解水制氢，为下游氢能应用提供便利基础设施，激活下游应用场景。其优势特征具体有以下5点：

①海陆风电的高发电力，具有扩展潜力；

②具有储氢地下层；

③北德海港城市作为物流和经济中心，在氢应用与氢技术组件进出口作业中发挥重要作用；

④拥有海洋企业与氢能源领域的专有知识与专业人才；

---

① “Norddeutsche Wasserstoff - Strategie”, Wirtschafts - und Verkehrsministerien der norddeutschen Küstenländer，访问日期：2021年9月19日，参见网站：https://www.hamburg.de/contentblob/13179812/f553df70f865564198412ee42fc8ee4b/data/wasserstoff-strategie.pdf。

⑤工业部门拥有氢能源使用经验、技术诀窍以及6个北德“能源转型实验室”。

中国长三角经济区已进一步深化与北德创新伙伴关系。中国三峡集团正与林德集团加快在清洁能源等领域的合作，并将联合示范区开发联盟单位和北德地区企业在一体化示范区共同设立基金，支持示范区及长三角区域绿色经济发展。参照长三角与北德在氢能领域的合作先期经验，深圳可以作为珠三角龙头城市，引领中德在“绿色”氢能领域的产、学、研合作。

（4）深圳对接德国“绿色”氢能合作建议

德国和欧盟强调发展“绿色”氢能，将氢能源作为新经济引擎，摆脱疫情影响、重振欧洲经济，掌握新能源技术高地。深圳是珠三角地区的企业科研重镇，适合参考德国氢能源发展目标，选择“绿氢”发展模式。在美国推动中美技术“脱钩”的背景下，深圳可考虑将氢能纳入大湾区能源一体化的改革进程，以科技企业和车企为引领，信息产业与能源产业相融合，突破“绿氢”技术瓶颈，占领国际能源科技高地，成为新一轮能源革命的区域基地。

氢能产业涵盖的技术体系十分庞大，对科技发展的辐射作用较强。发展氢能科技符合深圳国家科学中心城市、世界创新城市定位。如果深圳能够在可再生能源制氢技术上取得实质性突破，发挥氢在能源一体化中的桥梁作用，构建全球能源互联网，成为主导国际氢能产业化的技术来源方，不但可以解决深圳能源匮乏和降低成本的问题，也可以奠定深圳在全球新能源科技领域的领先地位。①

深圳发展氢能源具备以下两方面基础性优势。

第一，深圳高科技人才聚集效应明显。深圳企业储备的产品和技术几乎覆盖了氢能和燃料电池的所有环节，从氢气制备到储运再到加注，从制造设备到检测设备。深圳企业家已提前完成了全产业链环节的布局。此外，深圳互联网产业发达，属于国家科学中心城市。

第二，信息产业与大湾区优势。国家正在支持大湾区能源一体化改革，氢能产业为深圳发展能源产业、引领全球技术创新和能源革命带来机遇。深圳可将氢能源纳入大湾区能源一体化改革，紧跟国际能源技术革命新趋势。此外，深圳拥有丰富的海上风电资源、高技术人才和知名能源科研机构。

为此，本报告提出以下三点深圳与德国氢能合作的建议。

第一，自上而下与自下而上方式相结合推进氢能

① 《比亚迪不牵头，深圳氢能产业该如何破局?》，访问日期：2021年9月21日，澎湃新闻，https：//www. thepaper. cn/newsDetail_ forward_ 8416606。

产业合作。德国联邦政府、联邦州以及欧盟机构共同参与能源转型建设，深圳可通过中德地方友好关系平台或者以区域合作为引领，利用大湾区的一体化辐射作用与经济改革试点的政策优势，积极推进“绿色”氢能的国际经济合作。更为重要的是，中德企业合作应在此发挥主体功能；知识产权保护以及政府补贴等措施应给予平等对接和完善，以期实现合作共赢，塑造国际区域“氢能”产业链一体化。

第二，推动国际科研合作。目前，德国积极寻求氢能领域的国际科研合作，寻找电解技术与设备的突破口。深圳高校与企业研究机构可利用科技人才优势，与德国科研机构、大学、企业以及职业教育中心开展项目对接，应用型研究与理论性研究有效结合，加快科技成果转化，参与“绿色”氢能领域的国际标准制定。

第三，积极推进中德氢能领域的职业教育合作。科技发展应以企、学、研协同发展为根基，中德双元制职业教育在能源转型中将发挥重要作用。这有助于促进绿色新能源领域的国际产业协同发展、专业技术诀窍共同开发、专业人才共同培养，缓解知识产权纠纷。

4. 德国可持续型智能农场

（1）德国智能农场发展现状

在数字化转型、气候变化以及人口增长等全球因素的作用下，德国农业科技和创新市场正在增长。农业企业的智能化正催生新型农业模式，通过数字化工具和物联网技术，智能农场大幅提高了生产效率，特别是对中小型农场而言，可以更好地应对气候变化的挑战。

德国社会对气候变化和肉类替代品的讨论越来越多，激发了人们对专注于减少农民碳足迹以及减少用水量的初创企业的兴趣。无人机、机器视觉传感器、传感器区块链技术也越来越多地应用于智能农场。[①]德国拥有全球最大的农业装备产业，2017 年就占全球市场份额的近 20%，而传统的农业机械公司正在通过基于软件的商业模式或者高度自动化的机械和机器零部件重塑企业内核，并设立专注于数字化农业设备的创新部门。

德国智能农场与农业科技取得越来越多的突破性成就，人工智能运用至农业的场景逐渐成熟。德国下萨克森州已经成为农业科技和农业综合企业的中心，并因此获得了“农业科技谷”的绰号。联邦政府在该地区资助“农业数字化试验田”；德国人工智能研究中心（DFKI）在下萨克森州奥斯纳布吕克市（Osnabrück）设立分支机构。此外，拖拉机制造商芬

① *Markets*，2020 年第 2 期，德国联邦外贸与投资署，第 14—16 页。

特（Fendt）通过一套软件将田间地头与商务办公室连接起来；西门子已经开发出3D建模软件，以帮助制造商更有效地工作；拖拉机制造商CLAAS运营着一个农场管理平台365FarmNet，该平台通过软件将机器制造商、除草剂和化肥生产商、育种公司、饲料供应商和畜牧技术联系起来，并有五种语言版本，有超过25个国家的5万多名农民在使用；位于德国慕尼黑郊区BayWa公司致力于利用数字技术，在保证产出效益的前提下，减少农药化肥使用量，提供平衡产量与环境保护的数字解决方案。该公司通过使用欧洲卫星数据，优化农机技术及植物生长模型，包括预测灌溉水量与施肥量等，给农户提供信息咨询，这为德国巴伐利亚州农业可持续发展模式做出了有益探索。[①]

（2）智能农场领域的中德合作契机

德国的目标是成为智能农业的世界领导者，联邦政府已承诺在2022年前为智能农场投资6000万欧元。德国作为工业强国在全球享有盛誉，其农业产业具有高度创新性，并在数字化推动下快速发展。近年来，流入德国农业科技初创企业的风险投资正不断增长，至2019年已经达到9600万欧元，国际投资者已经从

---

① 《德国巴伐利亚州乡村发展模式》，中华人民共和国驻德意志联邦共和国大使馆经济商务处，http：//de. mofcom. gov. cn/article/ztdy/202006/20200602972774. shtml。

中获益。

德国农业科技吸引着越来越多的国际投资者，除了狭义上投资农业科技初创企业之外，国际投资者也致力于投资为城市腹地打造模块化农场的企业。将物联网、机器学习、图像识别、可再生能源与农业科技相结合具有很大的发展潜力。农业科技创新旨在找到可持续解决方案，以应对全球气候挑战。德国制造业中的许多历史悠久的“隐形冠军”中小企业展现出对农业新技术的兴趣，竞相与初创企业合作，寻求创新。

目前，德国大企业也开启智能农场项目，并寻求全球合作市场。“未来农场”是德国拜耳公司的一个研究项目，致力于打造用数字化农场，帮助农民及时获取特定田块信息，内容包括准确选择种植品种、确定最佳植保时机和方案。2015—2020 年，拜耳公司投资 2 亿欧元用于数字化农业，以进一步拓宽作物保护的数字化支持系统，通过卫星照片分析病虫害分布，将分析数据呈现在终端机器上，指导施药机械将农药精准地撒播在需要保护的部位，最终实现可持续、资源节约型的农业生产。目前拜尔公司正在 10 个国家销售并测试数字化农业产品，用数据为农业生产提供决策。①

① 《德国拜耳未来农场：致力发展数字化农业》，科技世界网，访问日期，2021 年 9 月 22 日。http：//www. twwtn. com/detail_ 223484. htm。

智能农场代表着最先进的农业生产力，可以极大地提高劳动生产率，提高资源利用率和单位土地产出率，是未来农业的发展方向，可以使农场生产更加高效和专业化，也对环境污染问题的解决大有助益，降低肥料和杀虫剂的使用，减少水资源浪费和温室气体排放。

中央网信办等四部门联合印发的《2020 年数字乡村发展工作要点》中，将推动乡村数字经济发展作为工作要点。数字化也是中国布局未来农业的重要手段。深圳“盒马村”的建设及推广，已经开启先期实验，为数字乡村的发展带来巨大的促进作用，对各地提升农业产业基地供应链数字化能力、促进农产品生产标准化具有示范作用，为农业赋予强劲的数字动能。与德国智能农场开展合作可为中国农业的可持续发展从以下几个方面带来一些启示，即农场合作、产业转型、综合经济模式等。

农场合作。智能农场仍需要在先进物联网设备方面开展国际科研合作。这需要政府、研究机构、农民和企业家协同努力，创立长期投资项目以及科研基金，开展国际智能农场试验田合作。

产业转型。新型农业模式需要加强对于农业从业人员的科技培训与智能技术认知。使农业从业者适应新型工作模式，参与数据使用与分型，平稳地向智能化农业时代过渡，尽量让智能农场变革波及的人员损失最小化。对此，德国农业领域的职业教育与继续教育可以成为借鉴，地方政府提供的就业技能培训与扶持必不可少。

综合经济模式。大数据信息的收集和使用需要政府中间监管机制，负责数据共享和储存、数据透明使用、数据收益分配等，确保大数据带来的利益较为公平地分摊到农业从业者。

（四）意大利产业及深圳与意大利合作前景

1. 务实合作仍是中意关系的主流

意大利是西方强国中的弱国，富国中的资源贫国，同时又是个加工出口国，对外贸易是其经济命脉。因此，第二次世界大战结束以来，意大利在外交政策上一向以“平和、稳定、友好”为基调，以追求“经济商业利益”为主导，以“灵活、现实、务实”为特点。[①]

自1970年11月中意两国建交以来，意大利对华态度一直比较友好，价值观外交色彩不浓。过去五十多年来，中意两国始终秉承相互尊重、平等相待、互

① 有关意大利外交政策的特点，参见罗红波《意大利》，载《欧洲发展报告（2005—2006）》，中国社会科学出版社2006年版。

利共赢的原则，持续拓展合作领域，提升合作层次，如今中意关系已发展成为一对政治互信不断加强、经济合作务实高效、人文交流蓬勃兴起的双边关系，堪称不同历史背景、不同政治制度、不同经济发展水平的国家间发展友好关系的典范，同时也为两国人民带来了实实在在的福祉。

2008 年国际金融危机爆发后，在全球经济不景气、欧洲经济复苏整体乏力的背景下，意大利越来越将对华经贸合作视为自身经济复苏和获得经济增长新动力的重要机遇。这一定位并非偶然，而是意大利基于自身经济状况和对中国经济发展前景的判断而作出的现实选择。

第一，国际金融危机爆发后，意大利经济始终低迷不振，更加倚重对外经济合作。自 2008 年起，意大利连续遭受国际金融危机、经济危机和主权债务危机的重创，经历了第二次世界大战结束后持续时间最长且最严重的经济衰退。2008 年至 2014 年，意大利的 GDP 萎缩超过 9%，国际金融危机爆发前近十年的经济增长成果损失殆尽。虽然自 2015 年起，意大利经济开始复苏，但是复苏势头始终较弱，经济增长率一直低于欧元区平均水平。究其原因，居高不下的公共债务是拖累意大利经济复苏的沉重“包袱”，加之危机持续多年导致银行体系不良贷款问题严重以及经济结构性改革推进艰难等掣肘因素，其国内消费需求与投资始终难以提振。作为欧元区成员国，意大利无法通过货币贬值和大规模增加公共支出来刺激经济增长，要实现经济复苏和稳定增长，必然更加倚重对外经济合作。

第二，中国经济的快速发展被意大利视为摆脱自身经济困境的机遇。国际金融危机爆发后，意大利政商两界普遍认为，虽然中国经济增速有所回落，但是增速仍将长期位居世界主要经济体前列，仍是极具成长性的大市场。特别是中国经济结构的持续升级将源源不断地创造出对中高端工业设备和优质消费品的巨大需求，而这恰可为“意大利制造”的各类产品提供销路。此外，近年来中国企业对外投资增速快，而这也有助于改善意大利国内流动性短缺、投资不振的局面。尤其是囿于公共债务高企，意大利可用于修缮和升级公共基础设施的公共财政资源极为有限，而来自中国的资金有利于弥补这一“短板”。①

在此背景下，受到两国高层频繁互访的推动，中意经贸合作进入全面发展的快车道。2018 年和 2019 年，在全球贸易整体疲弱的形势下，中意双边贸易额分别达到 542 亿美元和 549 亿美元，连创新高，同比分别增长了 9.1% 和 1.2%，比 2004 年两国建立全面

① 孙彦红：《“一带一路”框架下的中意合作：机遇、优势与前景展望》，《当代世界》2019 年第 4 期。

战略伙伴关系时的157亿美元增长了约2.5倍。[1] 2019年，意大利是中国在欧盟的第五大贸易伙伴，而中国是意大利在亚洲的第一大贸易伙伴。特别是2019年3月，习近平主席成功访问意大利开启了中意两国全方位、高质量合作的新阶段。在两国建立全面战略伙伴关系15周年和即将迎来建交50周年之际，此访具有承先启后、继往开来的重要历史意义。习近平主席访问期间，两国发布了《关于加强全面战略伙伴关系的联合公报》，签署了一系列重要政府间文件，其中包括备受外界关注的共同推进“一带一路”建设谅解备忘录（以下简称“一带一路”备忘录）。意大利是七国集团成员，也是欧盟第三大经济体，中意两国签署“一带一路”备忘录无疑是对“一带一路”已取得成就的高度肯定，也将为“一带一路”在欧洲乃至其他地区的持续推进注入新动能。

新冠肺炎疫情暴发以来，中意两国诸多经济合作项目被迫暂停或拖延。此外，疫情期间，受到中美关系紧张加剧以及意大利国内极右翼在野党追随美国等因素影响，中意关系中偶有“杂音”。然而，总体而言，通过在抗疫中相互支持和在复工复产中积极配合，中意两国关系经受住了疫情考验，务实合作、互利共

---

① 本书的中意双边贸易额数据均来自中华人民共和国商务部网站：https：//countryreport. mofcom. gov. cn/。

赢仍是主流。长期来看，意方仍将继续高度倚重对华经贸合作。意大利是高度外向型的经济体，2019 年其对外出口额与 GDP 之比高达 37%。该国要实现疫后经济复苏，自然要依赖对外出口。2021 年 2 月意大利企业家联合会公布的一份企业调查结果显示，中国连续第三年被认为是最具成长性的出口市场。此外，意大利即将启动一系列包括港口、桥梁、铁路、高速公路等基础设施建设或升级项目，除该国公共财政资金和欧盟复苏基金外，尚有巨大资金缺口，仍有吸引外资的需求。基于以上两方面，意大利经济复苏仍需中国的大力支持。

总之，虽然中意两国关系的发展并非一帆风顺，未来仍存在不确定性，但是考虑到两国并无重大政治利益冲突，同时两国经济的高度互补性和合作愿望都未变，双方深化合作的大方向应不会改变。正如在抗击疫情时紧密合作一样，疫情过后中国和意大利更需要加强合作以促进经济复苏，而推进共建“一带一路”仍将是两国深化合作的重要动力。目前中意两国政府已达成共识，将因疫情搁置的 2020 年“中国意大利文化和旅游年”延至 2022 年举办，足见两国对后疫情时代合作的重视与期待。

2. 意大利产业结构与竞争力分析

意大利制造业发达。虽然目前意大利的经济总量在欧盟成员国中位列第三，但是从制造业增加值及其占 GDP 的比重上看，意大利却是仅次于德国的欧盟第二制造业大国。2019 年，意大利制造业增加值在全球排名第七。虽然其制造业增加值占全球比重（2.3%）远低于中国（28.4%），但是考虑到意大利的国土面积仅相当于中国的3%，人口仅为中国的4%，其制造业取得的成绩的确不容小觑。[①] 总体而言，意大利制造业企业特别擅长专业化生产与开拓细分市场，同时具有渐进式改进已有工业技术、并将之与传统手工工艺及文化元素等相结合的突出能力，因而其产品易从专业化、质量、品牌、设计、个性化定制等方面获得高附加值。正是基于这些优势，“意大利制造”（Made in Italy）始终以高品质享誉全球。

（1）意大利中小企业的优势与“短板”

在生产组织形式上，意大利是欧盟企业数量最多的国家，拥有大量“隐形冠军”，被誉为“中小企业王国”。根据欧盟统计局的数据，2018 年，意大利有超过 430 万家企业，其中工业企业数量占整个欧盟工业的 17%。意大利约 99% 的企业为中小企业，中小企业员工数占全国就业总人数的 3/4。这些中小企业是

① 此处意大利与中国制造业增加值占全球比重的数据来自联合国贸易和发展会议（UNCTAD）数据库：https：//unctadstat. unctad. org/wds/ReportFolders/reportFolders. aspx。

“意大利制造”真正的主角，正是通过它们的品牌和产品，意大利的生活方式在全球广为人知并受到普遍赞赏。“意大利制造”的真正成功之处在于“美观而又精巧”，而这应归功于企业家群体。正是企业家们以不自觉的方式保存并传承了该国的“制造文化”。早在12世纪时，意大利和其他欧洲国家就拥有蓬勃发展的手工业行业协会，那个时期的工厂主们就以品质、技术、细节和美学为标准，为“意大利制造”树立了最初的典范。意大利中小企业数量不仅多，而且规模偏小。2018年，意大利企业的平均雇员数仅为3.8，明显低于欧盟的平均水平（5.8）。规模过小使得意大利企业在某些方面，尤其是融资上处于劣势，但是企业也因此具有相当大的运营灵活性，使得“意大利制造”具备了逐步发展成为个人定制生产模式的基础，能够满足不同类型国际客户的特定需求。[①]

意大利中小企业也有明显的“短板”。全球市场的激烈竞争以及世界经济越来越“金融化”，已经对意大利中小企业产生负面影响，逐渐显现出“后劲”不足。2008年国际金融危机爆发后，意大利中小企业体系的缺陷充分暴露出来。危机期间，意大利共有约

① ［意］阿尔贝托·马蒂亚奇：《制造的艺术：意大利的生活方式及其卓越性》，载孙彦红主编《意大利发展报告（2019~2020）：中国与意大利建交50年》，社会科学文献出版社2020年版，第130—150页。

31.5 万家企业破产，2009 年的工业企业新开业率更是创下历史最低值（仅为 4.5%）。2020 年暴发的新冠肺炎疫情再次令意大利中小企业遭受严重冲击。意大利国家统计局于 2020 年 11 月发布的调查报告显示，该国 38.8% 的企业将在 2020 年年内面临破产危机，其中雇员在 10 人以下、年营业额低于 200 万欧元的小微企业占 40.6%。[①]

（2）意大利的优势产业：4A 部门

在产业门类上，意大利的工业体系较为完备，既有航空航天、机械设备与机器人、医药、高铁与城市轨道交通、节能环保等高新技术部门，也有汽车制造、汽车设计与零配件制造、农业设备与农产品加工、皮革业、成衣业等所谓“传统产业”。意大利制造业的优势产业主要集中在所谓 4A 部门，分别是服装与时尚、家居装饰、自动化与机械、食品与饮料，并且在这些领域拥有大量世界级知名品牌。[②] 简言之，“意大利制造”成功的关键因素之一是其工业体系能够保证不断提高产品品质，并不断有新企业在“利基市场”

---

① ISTAT, “Sondaggi sui PMI nell'epidemia Covid - 19”, 16 Novembre 2020.

② 上述四大制造业部门的意大利文名称分别为：Abbigliamento - Moda（服装与时尚）、Arredamento - Casa（家庭装饰）、Automazione - Meccanica（自动化与机械）、Alimentari - Bevande（食品与饮料），都是以字母“A”开头，故常常被简称为“4A”部门。

（niche market）中脱颖而出。

在农业食品领域，意大利的增加值位居欧盟第二（仅次于法国）。此外，意大利获得欧盟原产地保护认证的产品数量居欧盟首位，其中包括一些享有盛誉的产品，如帕尔玛奶酪、蒙达奇诺·布鲁奈罗葡萄酒、摩德纳香醋、帕尔玛火腿，等等。

意大利的家居装饰业独具特色。根据意大利国家统计局的数据，2018 年意大利家居装饰业的增加值超过 420 亿欧元，占 GDP 的 5%，出口额为 165 亿欧元。在此部门，意大利通过传统与创新的独特结合始终引领着国际市场，其独特的设计、优质的制作原材料加上精湛的制造工艺，令产品充满了美感。在环保与可持续发展等家居装饰的新领域，意大利也处于领先地位。第一把由镁合金制成的椅子和由 100% 天然塑料制成的椅子都产自意大利。意大利拥有被誉为“世界三大家具展览”之一的米兰国际家具展。2016 年，该展览会首次登陆中国，之后每年在上海举办，这大大提高了意大利家具制造在中国的知名度与声望。

服装与时尚产业是“意大利制造”的核心部门之一。根据意大利国家统计局的数据，2018 年，该产业拥有近 4.6 万家企业，雇员人数达 40 万，总产值为 552 亿欧元，出口额达 315 亿欧元。许多意大利时尚企业已跻身全球知名品牌行列，如古驰、普拉达、菲拉格慕、米索尼、芬迪和盟可睐等。值得一提的是，生态环保的再生纤维产业是近年来意大利时尚业最盈利的部门。

机械制造在意大利制造业中也占据重要地位。根据意大利国家统计局的数据，2018 年，意大利机械制造业拥有约 5150 家企业和 19.38 万名雇员，营业额达 492 亿欧元，其中 67% 出口至国外。同年，意大利机械制造业增加值对欧盟机械制造业整体增加值的贡献位列第四（占 11.2%），营业额排名第三（占 11.9%），拥有 25 个活跃的产业区，并且在电子机械和机器人行业具有强劲竞争力。意大利机械制造的代表性企业包括汽车业的法拉利集团、生产冰淇淋机的卡比詹尼机械制造有限公司、自动化包装行业的 IMA 集团，等等。此外，意大利邦飞利集团是欧洲电子机械和风能领域的领军企业，在中国设有办事处和研究中心。[①]

（3）4A 部门之外的优势产业

除上述 4A 部门外，意大利的航空航天工业也十分发达，具备自行研发和制造从战斗机、运输机、直升机、无人机到卫星、导弹的能力，其产品以高性能著称。意大利是全球第三大直升机出口国，其中莱昂纳

---

① ［意］阿尔贝托·马蒂亚奇：《制造的艺术：意大利的生活方式及其卓越性》，载孙彦红主编《意大利发展报告（2019～2020）：中国与意大利建交 50 年》，社会科学文献出版社 2020 年版，第 130—150 页。

多直升机是与空客并列的欧洲最大直升机制造商之一，其产品已广泛应用在中国应急救援、医疗急救、警务航空等领域。此外，意大利还是世界主要的豪华游艇设计与生产国之一，在全球最大的20家豪华游艇生产厂家中，意大利占了8家。

在服务业方面，意大利的国际教育服务和旅游业颇具特色。在教育方面，意大利是世界各国艺术类学生的首选留学目的地之一，热门专业有音乐、美术、设计、奢侈品管理等。在国际上，卓越的艺术教育是意大利一张重要的“国家名片”。除了为提高国家“软实力”作出贡献外，艺术教育、特别是高等艺术教育对意大利的经济发展也起到重要的支撑作用。在旅游业方面，意大利依托其数量庞大的历史文化城区和建筑（拥有55项联合国教科文组织确认的世界遗产，排名世界第二，仅次于中国）、丰富多样的自然景观以及品质优良的餐饮与酒店服务，成为名副其实的世界旅游中心，是国际游客到访最多的国家之一。

在高新技术方面，意大利的生物医学和制药业具备较强竞争力。根据意大利医药行业协会的数据，2018年，欧盟范围内18%的临床研究是在意大利开展的，其中37%的研究围绕生物技术药物进行。截至2018年底，欧盟已批准投入商用的六种针对罕见疾病的先进治疗技术中，有三种是由意大利企业研发的。[①]

（4）相对落后的数字领域及中意数字合作

在信息与网络技术方面，意大利一直相对落后，在通信设备和服务上都高度依赖国外企业，至今无一家市值达千亿美元的互联网企业。近年来，意大利与中国在信息与数字领域合作颇为密切，特别是华为公司在两国数字合作方面发挥了关键的引领作用。

华为公司 2004 年进入意大利市场，目前在意大利设有两家分公司，分别位于米兰和罗马，拥有超过上千名员工。华为在意大利另建有 4 个研发中心和一个商业创新中心。多年来，华为积极与意大利企业、科研院校、政府部门合作，促进了意大利的信息技术产业升级和经济发展。自 2017 年起，华为开始与意大利主要电信运营商开展 5G 网络建设合作。2017 年 10 月，沃达丰携手华为打通了意大利第一个 5G 端到端链接。随后，两家公司以米兰为试点，开始了 5G 基建铺设工作。2019 年 6 月，沃达丰宣布已完成在米兰、罗马、博洛尼亚和都灵 4 个城市的相关技术测试，5G 正式投入商用。2018 年 9 月，意大利电信与 Fastweb 携手华为，正式开通首个符合 3GPP 标准的 5G 基站并投入商用。此外，三家公司联合在巴里科技博览中心展

① Federfarma：“I numeri dell’industria farmaceutica in Italia”, luglio 2019, https：//www. farmindustria. it/studi – e – dati – page/.

出了十大商用场景，包括智慧城市和交通、环境和传承、智慧健康、智慧港口、虚拟现实、智慧文化和旅游、智慧道路、智慧农业等。可以说，在华为公司的技术支持下，意大利的5G网络建设已经走在了欧洲前列。值得关注的是，多年来在意大利市场的深耕为华为公司赢得了良好口碑。在2019年权威民调机构Ipsos发布的意大利“最有影响力品牌”排名中，华为位列第25位，比2018年提升了9位，比2017年提升了51位。①

（五）深圳与中东欧国家合作前景分析

2012年中国同中东欧16国共同发起了中国—中东欧国家合作，并在随后9年的时间里，取得了不菲的成就。2019年，希腊加入中国—中东欧国家合作机制。中国—中东欧国家合作因应市场需求、服务于中欧关系和“一带一路”建设，是中国外交的创新，符合各参与方的利益。

中国—中东欧国家合作采取中央和地方“双轮驱动”的战略，中央政府既注重加强顶层设计，也注重

① 参见Huawei Italia官网，https://consumer.huawei.com/it/press/news/2019/huawei-al-25--posto-nella-classifica-ipsos-2019-delle-marche-piu/。

发掘地方潜力，极大地激发了各地方政府参与的积极性，北京、浙江、四川、重庆、河南、河北、辽宁、湖南、江西等省市纷纷加入合作大潮中，扩展了地方政府影响力以及加快了地方企业“走出去”的步伐。深圳作为开放和创新城市的代表，更应了解形势、把握机遇，创造条件参与中国—中东欧国家合作。

1. 中东欧地区可能为深圳带来的机遇

（1）中东欧是欧洲最开放的区域，给深圳企业投资欧洲带来新机遇

中东欧素以中小型开放性经济体闻名，开放程度较高。东欧剧变、苏联解体后，中东欧国家开始转型，开启“四化建设”（自由化、私有化、民主化、市场化），对外来投资的包容度提高。中东欧国家的工业、金融业、制造业、服务业等私有化程度较高，是外国投资的热土。就中国投资者来说，中国同世界上第一个签署“一带一路”合作备忘录并设立工作组的国家是匈牙利；中国在欧洲修建的第一条高铁——匈塞铁路项目是在塞尔维亚和匈牙利；中国第一个承建的欧盟基建项目是在克罗地亚。深圳有很多企业在中东欧投资布局，如华为布局所有中东欧国家，比亚迪、TCL 分别在匈牙利和波兰投资项目。目前，中东欧市场仍有很多未发掘的潜力，通信、能源（尤其是核能）、交通、物流、机械制造、服务业等缺口巨大。疫情后，在复工复产保民生和促就业方面，中东欧国家仍有急切的投资需求。因此，中东欧市场将会为深圳民企带来不少投资机遇。

（2）中东欧的“黑科技”和隐形冠军容易被忽视，深圳有机会通过合作获得宝贵创新技术和人才

中东欧国家有很多隐形冠军企业和“黑科技”产品，值得深入发掘。据不完全统计，中东欧国家隐形冠军企业有 100 多家，企业规模不大，但掌握某些领域的高端技术，比如捷克、斯洛文尼亚等国继承了德国的工匠精神，能够生产很多科技含量高的产品。匈牙利的圆珠笔芯、捷克的小型飞机、爱沙尼亚的区块链技术、立陶宛的金融技术产品、爱沙尼亚的即时通信工具 Skype、斯洛文尼亚的威亚，等等，无不隐含着中东欧国家的创新天赋以及背后聚集的一大批创新性人才。深圳同中东欧国家开展创新合作，有很多值得挖掘的机遇。

（3）中东欧是欧洲产业链最聚集的区域之一，为深圳企业融入国际产业链提供机遇

中东欧虽然不如西欧和北欧科技那么发达，但是全球跨国公司产业链布局最为密集的区域之一，尤其是汽车产业链最为发达。此外，化工、能源、通信、加工制造等领域的产业链布局同样成熟。中东欧深度融入西欧和北欧产业链，与欧洲大市场紧密衔接。深圳加大对相关产业的投资，是融入国际产业链的重要手段。例如，上海延锋汽车通过投资捷克、斯洛伐克等汽车面板和底盘等汽车产业链，已经融入德国汽车国际产业链。

（4）中东欧是欧洲重要的交通枢纽，将为深圳深度参与“一带一路”建设创造条件

中东欧所有国家均与中国签署了“一带一路”合作备忘录，该地区衔接亚欧大陆海陆枢纽位置，无论是亚欧大陆桥（陆上丝绸之路）还是中欧陆海快线（海上丝绸之路）都必须行经中东欧。因此，中欧“一带一路”合作主要集中在中东欧地区。比如，宁波通过参与中国—中东欧国家合作，使舟山港通过陆海快线建立了对中东欧贸易通道，并同中东欧多个港口确立紧密合作关系。深圳可以以此为契机，推动与中东欧国家合作，通过开通空中直航和多元化海上航线来扩大同中东欧国家交往，并外溢到西欧国家。

（5）中东欧是欧洲特色农产品最丰富的区域之一，大力引进中东欧农产品可以丰富深圳人民的菜篮子

中东欧国家条件较好，特色产品较为丰富和多元，享有世界声誉。比如，红酒、玫瑰油、酸奶、蜂蜜、洗发和护肤产品、畜肉制品、牛奶、水果等质优价廉，农产品生产完全按照欧盟标准，品质高。深圳加强对中东欧农产品的引进和开发农业合作，可以极大地丰富老百姓的菜篮子。

历届中国—中东欧国家博览会上，中东欧国家特色商品总是吸引大量中国消费者的目光。比如，匈牙利托卡伊（Tokaji）贵腐酒是产自匈牙利托卡伊地区的著名葡萄酒，是世界上三大最好的贵腐酒产地之一，曾多次获得世界金奖。其制造工艺复杂、价格昂贵，也常常被称为“液体黄金”。自其问世以来，一直以其独一无二和顶级优质而享誉世界，素有“酒中之王，王室之酒”的美誉。

表1 中东欧各国特色商品

序号	国别	特色商品
1	阿尔巴尼亚	橄榄油、葡萄酒、香料、草药茶、调味酱
2	波黑	果酱、葡萄酒、草药、乳制品
3	保加利亚	玫瑰精油、香料、葵花子仁、果蔬酱、葡萄酒、营养补充剂、化妆品、护肤品、洗护用品
4	克罗地亚	草药茶、腌制鱼片和沙拉、利口酒、杜松子酒、黑莓酒
5	捷克	啤酒、水晶、糕点、冰爵酒、麝香葡萄酒、苦艾酒、汽车、服饰
6	爱沙尼亚	天然矿泉水、蜂蜜、服装、智能照明
7	希腊	护肤品、葡萄酒、草本烈酒、茴香酒、桃红起泡酒、克里特橄榄油
8	匈牙利	彩妆、葡萄酒、瓶装果酱、自动化技术开发、罐装氧气、贵腐酒
9	拉脱维亚	护肤品、彩妆、巧克力、洗浴用品、各类鱼罐头、手工皂、啤酒、果汁饮料、伏特加、有机果酱、婴儿食品、麦片、无人机控制系统、白蜡木和橡木木材、功能饮料、光学技术、油漆、防反射玻璃、奶酪、木制家具

续表

序号	国别	特色商品
10	立陶宛	护肤品、洗漱用品、床上用品、奶制品和乳制品、啤酒、大豆饮料、零食、有机食品、陶瓷艺术品、营养补充剂、香水、琥珀、桦木材、有机桦树汁、燕麦片、激光加工
11	黑山	葡萄酒
12	北马其顿	葡萄酒、橄榄油、巧克力
13	波兰	乳制品、奶制品、琥珀蜜蜡、手工艺品、营养补充剂、素食品、运动营养品、啤酒、电池移动电源、农用机械、糖浆、瓷器、鱼罐头、烘焙、香水、母婴用品
14	罗马尼亚	葡萄酒、护肤品、蜂蜜、手工刺绣礼服、沙棘茶、果酱、天然矿泉水、毛榉木材、橄榄油、清洁用品
15	塞尔维亚	葡萄酒、果汁、果醋、多种口味婴儿辅食、起泡酒、白兰地、特斯拉矿泉水
16	斯洛伐克	水晶、乳制品、奶制品、气泡酒、果味葡萄酒、非接触传感器、蛋白棒、水果酱
17	斯洛文尼亚	冰淇淋、蜂蜜及蜂蜜制品、果醋、润滑油、智能传感器、物联网解决方案、冬季运动器材及设备、南瓜子油、油漆、葡萄酒、木制品

资料来源：据中国—中东欧国家合作博览局提供。

（6）中东欧是欧洲旅游服务业最具特色的区域之一，深圳中东欧旅游合作大有潜力

中东欧自古就是东西方文明的交汇、融合区域，自然和人文景观丰富且优美。中东欧国家都在积极推广本国旅游业和相关服务业。深圳可通过与中东欧国家的酒店、航空公司、餐饮企业、旅游公司、景点的合作，开发特色旅游路线及相关配套的住宿、餐饮、客运、航班等服务，推动深圳与中东欧国家的深度旅游合作。

（7）中东欧是欧洲对华民心基础最为厚实的区域，深圳可开展多层次的城市外交以扩展影响力

中东欧大部分国家对华友好，对中国行为方式能有更好的理解度和包容度，欧洲对华最为友好的塞尔维亚、希腊和匈牙利，都是中东欧国家。深圳可以以此为契机，对中东欧广泛开展城市外交，夯实双方民意基础，扩展在中东欧的影响力。

2. 深圳参与中国—中东欧国家合作的绩效评估

从绩效评估的结果来看，无论是综合绩效还是各具体领域的合作，广东省的深圳、广州两个城市均位于参加测评城市的前 15 名之内。本部分重点关注深圳参与中国—中东欧国家合作的绩效评估，同时也对深圳与广州进行绩效评估比较。

（1）综合绩效

在综合绩效方面，深圳排名第 6 位，广州排名第 10 位，排在前三位的依次是宁波、天津、厦门（见表 2）。深圳、广州这两个城市参与“中国—中东欧国家合作”的综合排名情况基本体现了广东省的整体水平。得分上，深圳得分约 49. 5 分，广州约 37. 8 分，相比排名靠前的城市分值差距较大。

表2 地方参与“中国—中东欧国家合作”综合绩效测度结果

城市	参与“中国—中东欧国家合作”综合绩效指数	排名
宁波	100	1
天津	67.91287	2
厦门	65.50841	3
北京	58.67702	4
上海	58.11881	5
深圳	49.46457	6
苏州	47.44643	7
沈阳	43.30542	8
大连	43.26616	9
广州	37.83503	10
成都	34.50495	11
西安	31.99446	12
青岛	30.21474	13
南京	28.28689	14
武汉	25.55343	15

（2）互联互通水平

在各分项绩效评估领域，设施联通水平测评方面，广州排名第3，仅次于天津和宁波，深圳排名第10（见表3）。广州市港口、铁路、航空全方位立体发展，是我国华南地区重要的内外交通枢纽，其设施联通水平在开拓与中东欧国家贸易往来和促进人员交流方面起到了重要作用。深圳市在设施联通方面的成绩排名低于广州市，但总体排名仍在全国前十。广州海运基础条件优于深圳，且作为省会城市具有联通政策方面的便利性，广州和深圳未来在对中东欧互联互通方面可以进一步整合资源，发挥广州市在联通基础设施方面的优势条件，带动深圳市与中东欧国家互联互通水平的提升。

表3　设施联通水平测度结果

城市	设施联通水平得分	排名
天津	100	1
宁波	81.42329	2
广州	68.43144	3
上海	65.29704	4
厦门	60.5393	5
大连	59.72143	6
西安	57.4049	7
北京	53.47993	8
重庆	43.18782	9
深圳	36.86288	10
南京	34.97628	11
苏州	31.77672	12
成都	28.97074	13
武汉	27.7772	14
长沙	25.63425	15

（3）经贸投资合作

经贸投资合作是“中国—中东欧国家合作”的重要内容，是合作利益纽带与共赢的基础。从经贸合作水平测度结果来看，深圳的表现要好于广州。深圳排名第4位，广州排名第15位（见表4），深圳市对中东欧经贸投资合作密切度明显较高，且处于全国前列。总体来看，深圳市无论是对外开放程度还是营商环境条件，都对深圳发展与中东欧国家经贸投资合作起到了重要的保障和促进作用。

表4 经贸合作水平测度结果

城市	经贸合作水平	排名
宁波	100	1
厦门	98.68713	2
天津	76.16208	3
深圳	72.78286	4
上海	72.60888	5
北京	66.81839	6
苏州	64.48754	7
沈阳	61.97132	8
青岛	44.86752	9
杭州	36.90819	10
武汉	34.9782	11
长沙	34.88763	12
成都	32.98034	13
大连	32.59296	14
广州	31.55659	15

（4）政策支持

城市的开放发展离不开政策的有力支持。在政策对接方面，深圳和广州排名较靠后，深圳排在第9位，广州排在第15位（见表5）。政策对接方面排名较低，显示出地方政府还没有建立影响力大的政策对接机制或者平台。从排名前两位的宁波和大连来看，宁波启动建设了全国首个中国—中东欧国家经贸合作示范区，设立了国内首个地方对接中东欧事务的政府机构：宁波中东欧博览与合作事务局，出台了首项地方层面针对中东欧国家的优惠政策，举办了中国—中东欧国家博览会等。2019 年，大连全面加大了面向中东欧国家的政策倾斜力度，有效优化了大连参与“中国—中东欧国家合作”的政策软环境，为加快形成“南有宁波、北有大连”的中东欧合作样板奠定了政策基础。地方政府对于“中国—中东欧国家合作”的高度重视为其全方位对接中东欧合作提供了国内最优的政策环境保障。因此，在政策保障和对接方面，相比国内其他城市，广州、深圳两市的短板明显。

表 5　政策对接水平测度结果

城市	政策对接水平	排名
宁波	100	1
大连	39. 09968	2
成都	36. 38403	3
唐山	25. 93239	4
苏州	23. 90919	5
北京	23. 50761	6
沈阳	21. 64878	7
杭州	21. 34573	8
深圳	19. 28403	9

续表

城市	政策对接水平	排名
上海	9.057402	10
重庆	7.258612	11
郑州	3.730446	12
天津	3.028644	13
厦门	2.797834	14
广州	1.931656	15

（5）人文交流

人文交流是促进地方同中东欧人民相交相知、互信互敬的对接桥梁。人文交流指标包含了友好城市、双向旅游、合作办学等多项指标因素。目前，深圳在人文交流指标方面排名第6位，广州则排在14位（见表6），两市对中东欧国家开展的人文交流活动仍缺乏广泛度和深入度，特别是作为省会城市的广州拥有悠久的城市历史和浓厚的地方特色文化，但与中东欧国家的人文交流合作并不突出，这对于广州乃至整个广东省向中东欧推介城市和地方文化都是不利的。

表6　**人文交流水平测度结果**

城市	人文交流水平	排名
宁波	100	1
北京	33.27463	2
沈阳	29.7698	3
上海	28.83358	4
南京	27.71304	5

续表

城市	人文交流水平	排名
深圳	27.11244	6
西安	21.8189	7
济南	21.79028	8
天津	14.54865	9
成都	13.17168	10
杭州	12.87527	11
青岛	11.44721	12
大连	10.91571	13
广州	10.8974	14
福州	9.129802	15

（6）智库参与水平

就智库参与水平来看，广州排在第 8 位，而深圳没有进入前 15 名（见表 7）。这说明广州和深圳在与中东欧智库交流方面的弱势更加明显。从得分来看，北京在这一分项测度上遥遥领先，这与北京集聚了国内的优秀学术资源以及有力的政策保障有关，其他城市如上海、宁波等排名虽然排在第 2、3 位，但与广州的分值差距并不太大，也就意味着除北京以外的城市在智库交流水平上的差距并不明显，广州和深圳完全有能力和机会在短时间内进行赶超。

表 7　　智库参与水平测度结果

城市	智库参与水平	排名
北京	100	1

续表

城市	智库参与水平	排名
上海	17.88914	2
宁波	13.22825	3
西安	7.121314	4
石家庄	6.758431	5
成都	5.991619	6
南京	5.485965	7
广州	5.480473	8
杭州	5.028242	9
重庆	4.764109	10
武汉	3.841963	11
唐山	3.16478	12
苏州	2.246077	13
天津	2.028199	14
济南	1.608263	15

综上所述，深圳参与“中国—中东欧国家合作”的绩效评估现状并不突出。虽然在设施联通和经贸投资合作指标上，深圳有一定优势，但在涉及需要有具体保障措施和机制平台的政策对接、人文交流和智库交流方面，深圳的短板十分明显。深圳与广州作为广东省“双子星”，在对中东欧国家开放合作中的引领作用和示范效应十分重要，而深圳与广州在“中国—中东欧国家合作”绩效评估中所表现出的短板和不足也在一定程度上说明广东省对中东欧合作的基本情况。我们不仅要看到广东在参与“中国—中东欧国家合作”

中的潜力，同时也要通过对比来找到差距和问题，从问题和不足入手思考推进广东参与“中国—中东欧国家合作”的规划和建议。此外，广州、深圳两市之间在不同领域内的差距也较明显，未来深圳与广州如何在发展与中东欧国家合作方面缩小差距，实现优势互补，则需要更细致的思考。

3. 正确认识合作潜力、妥善规避合作风险

第一，部分国家对华有意识形态偏见，影响其政府对华合作。波兰、捷克、波罗的海等国对华意识形态偏见较重，特别是在知识分子阶层、媒体机构中的反华势力比较大，影响到民心相通，甚至影响其政府对华合作。比如捷克智库、媒体反华势力经常借意识形态制造事端，对合作和营商环境造成干扰。深圳在开展同中东欧国家合作中，宜坚持以“务实合作”为主要目标，实行“一国一策”，规避意识形态风险，注意所在国社会舆情动向，及时作出分析预警。

第二，地缘风险显著上升，要有所防范。中美经贸摩擦深化了本地区的地缘紧张形势，地缘风险在近两年显著上升。绝大多数中东欧国家是北约成员国，美国国务卿近期多次访问中东欧国家，特朗普在任时也与中东欧国家领导人互动频繁。美国或明或暗地拉拢引诱中东欧国家建立反华同盟，大搞意识形态和

"新冷战"，某种程度上影响合作氛围。如波兰和波罗的海国家宁可牺牲经济利益也要发展与美国的安全合作。中美关系紧张导致中东欧国家对华合作态度发生摇摆，地缘风险压力加大。

第三，欧盟强化规则，大项目投资要保持谨慎。近年来，欧盟对华政策发生明显偏转，通过规则来保护市场的趋势明显。欧盟通过投资安全审查、竞争中立、数据保护立法、互联互通立法等来应对中国日益增加的影响。深圳在中东欧国家开展重大项目投资需要保持谨慎，做好前期调研。中欧双方已经表示年内将达成中欧投资协定，这将为深圳企业在中东欧国家投资带来利好，宜先期研判、早做布局。

第四，部分中东欧国家政局变动频繁。部分中东欧国家进入选举期，政局更迭日益频繁，无法形成稳定对华政策。"亲华""反华"力量经历重组，民粹力量上升，对华合作缺乏长远目标，受制于国内舆论变动。深圳可重心下沉，加强同中东欧地方政府合作，以具体项目为牵引，带动务实合作走向深入。

四　深圳与欧洲合作的思路和建议

（一）推进深圳与欧洲合作的总体思路和建议

结合欧洲政治社会经济形势以及深欧合作的现状与问题，深圳进一步抓住深欧合作的机遇，解决深欧合作的难点与问题。深圳与欧洲开展友好往来和务实合作有很大的空间可以挖掘。无论是从服务国家总体外交，参与“一带一路”建设，还是从深圳稳外贸的需求出发，深圳都应重视拓展与欧洲国家的友好交流与务实合作。深圳应抓住机遇，在内外贸、投融资、财政税务、金融创新等方面，探索更加灵活的政策体系、更加科学的管理体制，加强同欧洲开展多层次、多领域的务实合作。

1. 扩大开放，做好顶层设计

结合当前开放禀赋优势、创新开放方式，深圳对外开放禀赋优势明显。在此基础上，深入贯彻新时代进一步扩大对外开放精神，加强对欧开放的顶层设计和创新意识，牢固树立“更全面、更深入、更务实”的新开放思维，积极研究深欧合作可行性和持续性，深入开展深欧务实合作，形成“拳头产品”，为中欧高层对话提供地方合作典范并建立未来中欧地方合作机制。

2. 注重新兴产业合作，用好自身的区位与政策优势

深圳对欧工作要及时调整定位、节奏，增强“机遇意识”和“主动塑造意识”，既要根据深圳市情和高水平对外开放的既定节奏行事，也要及时在相关部门（教育部门）和产业领域（如数字和绿色产业）对欧作出“先行先试”的让利举措，抢占新一轮对欧合作先机。

3. “引进来”和“走出去”要提质升级

（1）在“引进来”的同时，宜积极出台扶持产业合作政策（特别是科创产业），巩固好对欧产业链。（2）推动企业加快对欧合作，支持相关企业到欧洲办厂或建立研发中心，通过各类企业联动与深度融合避免产业链断裂或“脱钩”，实现深欧技术创新共赢新局面。（3）加快与日韩、东盟的数字基础设施合作，利用第三方与欧盟之间的自贸区等协议框架与欧盟对接，增强对欧经贸和产业链黏性。

4. 扩大金融开放水平

近年来，中国在扩大金融开放水平方面取得了显著成效。贯彻党的十九大精神，突出地方担当和作为，结合自由贸易试验区建设，研究对欧放宽部分服务业市场准入可行性，并在自由贸易试验区先试先行，在战略机遇期实现创新开放，将促进中欧政治互信、经贸紧密。一方面，在自贸区框架下开放金融贸易便利化、外汇结算、分配额度，在自贸区内对欧机构开展商业保引业务、中外金融牌照等创新性尝试；另一方面，打破僵化的投资“天花板”机制，鼓励有能力的风投机构落户深圳，强化金融扶持，为新经济发展形成带动效应。

5. 规避对欧投资安全风险

“十四五”时期，对欧合作要牢固树立安全发展理念，在对欧开放中统筹好发展和安全。在对欧投资安全上，随着欧洲《投资审查条例》的执行，欧洲国家可能基于公共利益和国家安全理由对中国资金进行审查。在产业链合作中，全球创新产业（半导体、汽车、航空航天、机械、通信和制药）因其高价值、尖端技术及其对国家竞争力的重要性，受到欧洲的严格审查和干预。深圳要规避在欧投资和产业合作中的安全风险。

6. 疏通科技合作渠道

在深欧科技合作领域建立主管科技部门与高校、友好城市之间的交流机制，组建科技专家评估机制，根据技术先进、发展潜力、深圳需求等多方面因素确定支持金额。在解决知识产权纠纷方面，参照国际经验，在深欧科技领域合作中引入专业团队，分析专利和项目之间关系，一切按法律程序运作，避免谈判中的损失。

7. 激活招商引资思路

在吸引欧方投资方面宜激活思路，谋求与深圳大消费市场和科技创新方向吻合的产业对象。与此同时，在招商引资策略方面，一方面，不应只侧重释放与其他地方雷同的税收、土地等优惠政策，而是要针对欧方对稳定持续营商环境的关切，释放营商政策持续，带给欧方稳定、持续的营商环境印象。另一方面，将发掘潜在对象由世界500强企业转向更加重视欧洲隐形冠军企业，为深圳未来产业发展塑造新的动力。

8. 推动合作制度创新，不搞“一刀切”

德国企业对中国市场依赖度较高，深圳需用市场手段拉住德国，加强与欧产业链合作。对中东欧国家的务实合作成果保持下去，从欧洲的薄弱环节（中东欧国家）切入产业链合作，加大投资力度。

在绿色合作领域，深圳宜在氢能领域加快与德国合作，抓住德国和欧洲氢能战略新近出台的战略机遇期，通过氢能合作推进中欧绿色伙伴关系。加强绿色金融合作，探讨可持续金融标准，并引导民间资本流向循环经济。在数字化领域，深圳加大投入，通过建设国际科技创新中心与欧洲“规则”对接，引领中欧数字合作。

9. 对欧工作重心下沉到地方政府和社区

（1）深圳充分利用国家政策和战略，深入地方政府开展科创合作，助力中欧合作大局。（2）深圳对欧工作下沉到欧洲地方政府，以友城为平台，深耕社区，获得地方民意和支持，由下而上开展对欧工作。

10. 深化教育合作，积极推动民心相通

（1）深圳充分利用现有双、多边人文交流机制，

如中欧文化高峰论坛、中欧青年政策对话、中欧青年组织发展论坛、中欧教育政策对话以及中欧人员往来和移民领域对话等沟通平台。（2）成立符合深圳定位的全球影响力的智库，实行国际化办库，吸引欧方人员加入，搭建深欧智库交流平台。（3）举办中欧人才论坛，搭建国际化人才交流合作平台，举办深欧人才论坛，了解人才发展的趋势、要求和模式。（4）加大与欧洲开展高等教育合作，首先将欧洲教育资源“引进来”，比如学习宁波—诺丁汉大学、西交—利物浦大学等成功范例，同时还要“走出去”，如学习复旦大学在匈牙利设立校区。深圳可支持深圳大学在民意基础较好的中东欧国家设立校区，并加入欧盟伊拉莫斯项目，扩大教育合作范围。

（二）深化深圳与英国产业合作的战略意义及政策建议

深圳经济特区40多年的发展，部分得益于后冷战时代经济全球化的发展机遇，以及跟全球化发展龙头美国的产业对接。现今经济全球化陷入全面危机，美国深陷内外困境自顾不暇，这要求深圳对自身在全球化中的位置作出新的定位，凸显出深化深圳—英国产业合作的战略意义。

1. 这是深圳摆脱对美依赖，应对其“脱钩”企图的战略举措

深圳经济特区40多年的发展，得益于美国产业转移释放的经济红利。随着中美大国竞争加剧，中美产业脱钩风险剧增，这就要求深圳未雨绸缪，超前规划未来的产业发展路径。在此背景下，如何摆脱对美依赖，开发新的技术合作国家和市场，构成应对美方“脱钩”企图的战略抉择，而英国相对开放的经济环境，将成为深圳产业转移的重要目标国家。

2. 这是深圳建设中国特色社会主义先行示范区的必然要求

2020年10月11日，中共中央办公厅、国务院办公厅对外发布《深圳建设中国特色社会主义先行示范区综合改革试点实施方案（2020—2025年)》，赋予深圳在重点领域和关键环节改革上更多自主权，支持深圳在更高起点、更高层次、更高目标上推进改革开放。它要求深圳建设更为开放的制度环境，把握技术革命和产业升级的经济规律，强化自身在高新科技、高端制造业领域的优势地位。英国同深圳在市场经济制度、法治建设、知识产权保护等方面，有着类似的制度环境和价值观念，在航空航天、智能装备、生命健康、机器人等领域存在产业竞合关系。密切深英产业合作，将成为深圳建设中国特色社会主义先行示范区的新起点。

3. 这是深圳主动出击，做好对英工作的重要机遇

尽管英国不会追随美国对华发动“新冷战”，但英美共同的价值观念和历史文化，对华疑虑的思维等，使得中英合作仍然存在不确定性。在此背景下，如何顺势而为、主动出击，拉住英国，是中国对英外交的艰巨责任。作为一级地方行政单位，深圳如果在科技和产业链合作、人文交流领域主动出击、有所作为，将有利于深化中英地方合作，打开中英关系的新局面。

目前，深圳和英国在中外联合办学、金融科技、科技创新、创意产业等领域的合作都有进展，深圳—爱丁堡国际创意产业孵化中心、英国威雅公学深圳分校等成为产业合作的示范项目，深英合作有进一步发展的空间和潜力。建议如下：

第一，加大对英合作要用好深圳民营企业这支主力军。目前，英方对中国投资行为加大防范力度，主要是针对国有企业主体及敏感的投资行业领域。建议深圳市在对英经济交往中突出民营企业占主导的产业特点，善于利用“竞争中性”的市场规则，避免引发或加重英方疑虑。

第二，密切与伦敦金融城的高层次合作，加快金

融业对外开放。深圳已经同伦敦签署金融合作备忘录，在深圳境内企业赴境外上市融资和人民币国际化等领域，中央已经赋予深圳先行先试的权利，宜进一步解放思想，加快与伦敦金融城之间的协作平台建设，通过与其独特的金融区位优势接轨、融合，为实现深圳提高金融业对外开放水平的近期目标，在金融服务业领域打造国内和国际领先地位的长期目标创造重要机遇。

第三，在高科技领域，加大对企业对英研发合作的政策支持。英国技术实力雄厚，基础研发具有一定优势，英国官方力主扶持的航空航天、人工智能、创意产业、生物科技等领域，与深圳产业升级方向存在高度重合和互补空间，可成为深圳对外技术研发合作的重要对象。建议深圳市及相关企业针对英方对华技术合作的顾忌，倡导开源和共享的合作理念，打造科技合作的“创新和利益共同体”，筑牢研发合作的基础。

第四，鼓励深企在伯明翰、谢菲尔德、曼彻斯特等产业集群区与英联合建厂，寻求产业链配套。联合建厂是产业链配套和技术合作的重要途径，可为地方政府解决就业难题，是促进深英合作双赢的重要举措。与此同时，要引导和鼓励更多深圳企业“走出去”，通过市场化资源配置加大对英国相关企业的产业链配套数量与质量。比亚迪与英国最大电动车生产商合作，提供电动车零部件和底盘正是代表深英技术和产业合作方向的案例。

第五，加强高校合作，加大技术交流和人才培养。英国教育资源丰厚，牛津、剑桥等大批名校亟须开拓外部教育市场和引入外部合作资源，已对中国留学生群体形成高度依赖，对与中国联合办学也有浓厚兴趣。引进英国优质教育资源，开展深层次中外合作办学，是深圳高水平发展的必然要求，可为深圳率先开拓多样化、国际化智力合作提供重要机遇。建议深圳市加快建立对外教育合作的联席会商机制，出台更加灵活的政策措施，以基础理论、应用科学和材料学、环境学等前沿学科为引进合作重点，推动相关高校、企业和研究机构联系一批英国名校和领先专业在深落户，为深圳保持高新技术发展活力和国内国际领先地位确立基本前提。

第六，支持产业协会对接，打造企业信息沟通平台。为了协调产业战略发展，英国政府在全国层面设立产业战略委员会，在产业层面设立了数十个专门委员会。除此之外，英国还存在英国工业协会、英国制造协会、汽车制造和贸易协会等行业组织。深圳市应通过支持各行业和技术协会发挥整合资源、统筹规划、协调组织的功能，推动与英国相关伙伴机构的信息沟通和共享，使之成为企业间“走出去”“引进来”的重要协作平台。

（三）深圳与法国开展科技合作的可能路径

科技创新是高质量发展第一驱动力，是在新一轮全球竞争中占据先机的基础，也是建设中国特色社会主义先行示范区综合改革试点的重点工作。产业技术创新在提高产业核心竞争力和区域创新能力方面作用日益凸显。与发达国家相比，中国尚未形成规模较大的创新联盟，在如何引导创新联盟建设方面经验有待加强。法国竞争力集群是典型的政府主导型协同创新模式，其已成为法国提升国家创新能力与国际竞争力的重要手段。① 当前，中国制造业正朝着高质量发展方向转型升级，以数字经济、绿色经济为代表的产业“新疆域”方兴未艾，亟须谋求产业集聚发展、形成区域产学研协同效应，鼓励代表性城市打造国家科学中心，加大关键核心技术攻关，打通产学研通道，以科技创新实现产业转型升级、提升竞争力，打造未来

① 李荣、孙亮、张小薇、扆铁梅：《法国竞争力集群政策体系对我国产业技术创新联盟的启示研究》，《科技管理研究》2014 年第 14 期，第 138—143 页。

发展新优势。

1. 借鉴法国竞争力集群

第一，践行“创新”发展理念，促进产学研协同打造。强化内部之间的联系是打通产学研通道、创新集聚健康发展的重要条件。法国竞争力集群内部的相关企业、机构等成员通过诸多的正式和非正式渠道之间的合作与交流十分频繁，形成了集群壮大发展的重要动力。[①] 借鉴法国研发合同管理模式，以中国区域产业优势为基础，在高科技园区、科创中心内，增强产学研紧密结合度，强化资源配置，鼓励人才、知识、资金等资源要素流动，推动科技创新。[②] 促进企业和高教机构、科研院所达成项目合作关系，后者向前者开放实验室，组建创新咨询委员会，评审合格后立项并提供研发资金，围绕政府确定的重大科技专项开展集中攻关。特别是要注重产学研的区域化建设，结合区域和产业发展特点，形成区域独特的联盟专业创造力、专有人才培养机制，打造区域核心竞争力，促进科技成果转化。

---

① 蒋慧：《巴黎数字角：以竞争力集群实现创意产业大发展》，《华东科技》2013 年第 6 期，第 65—67 页。

② 李荣、孙亮、张小薇、戾铁梅：《法国竞争力集群政策体系对我国产业技术创新联盟的启示研究》，《科技管理研究》2014 年第 14 期，第 138—143 页。

同时，在中国各地产业园区发展思路上，需要在招商引资的同时，注重知识技术本地化的打造，通过政策引导等方式促进外资企业参与到本土的创新网络中。[①]

第二，践行“协调”发展理念，引导社会资本寻找新出口。发挥代表性城市引领作用，如北上广深累积巨量社会资本，保值增值需求迫切，但在传统产业乏力和不确定性加深下投资选择空间有限。相对而言，这些城市往往拥有较好的国际合作基础，可引导社会资本在国内国外双循环新发展格局中保持协调发展，通过出台税费减免和补贴措施、更新对外投资引导目录、完善国企业绩考核体系，引导其利用两套循环、两个市场、两种资源，聚焦国内科研领域，疏通国内潜在金融和市场“堵点”，化解风险，克服西方在高科技领域的封堵。

第三，践行“绿色”发展理念，加强环境技术合作。伴随经济快速发展，应对气候变化、生态环保问题日益突出。法国是应对气候变化的“发起者”，欧盟始终积极推动“2050碳中和”目标，中欧在现有经贸合作机制框架内，重点加强绿色环境技术合作，代表性城市应响应打造中欧绿色伙伴关系号召，逐渐建

---

① 陈平：《从工业园区到创新基地：法国索菲亚科技园的启示》，《科技进步与对策》2007年第9期，第195—198页。

立质量效率型的经济发展方式。注重与法国相关绿色竞争力集群的国际交流与合作，结合政府、企业、协会、智库等多渠道网络促进中法、中欧绿色伙伴关系走深走实。

第四，践行“开放”发展理念，带动先行示范标杆作用。代表性城市技术开发区、产业园区是对外开放的重要载体。未来可优中选优，根据综合实力、发展潜力、特色产业等，摸索形成集聚创新的梯队格局，引进外部评估机制，要求表现不力的开发区限期整改，整改不力的给予“摘牌”。同时在战略目标、产业结构、对外合作等方面，契合国家的“双循环”新发展格局、“一带一路”、区域一体化建设等发展战略提出的目标，推动形成新的开放格局。在开放过程中，注重与创新发展目标契合，对政府、产业、企业、高校、智库等不同主体推出适宜的国际合作政策，并注重交叉培养、互相合作，尤其是在创新和协调政策制定等方面。

第五，借鉴法国成功经验，加强深法创新合作，引进法国创新技术。竞争力集群政策在研发项目招标评标体系、现有产学研设施整合和一体化、研发项目融资机制、相关机构协同合作体制、集群发展战略与效果评估体系、中小企业个性化服务、国际市场拓展、可持续创新生态体系中都积累了丰富经验。中国可借鉴法国成功经验，防止、化解由于过度或无序投资导致的创新泡沫，保障科技创新有序发展。

中国市场潜力巨大，法国基础科学扎实，中法创新合作具有互补性、可行性。中国宜鼓励企业引进国内急需的法国创新技术/产品，利用其自身销售网络，在国内市场推广，并逐步消化、吸引，夯实技术基础，以实现更高层次的创新。

2. 加强中法科技合作

相较于美国，法国科技特色优势突出，对华合作基础好、意愿足、互补性强。在中美摩擦长期反复背景下，强化中法科技合作，可在一定程度上拓宽中国技术来源的广度，为中国加大基础研究和应用基础研究提供更深的广度，实现中国“十四五”时期以及更长时期的发展对加快科技创新的迫切要求。

（1）开展中法科技合作的意义

中法科技合作基础扎实、意愿强，法国基础研究、创新理念与中国应用市场互补性强。对中国而言，法国民用核能、航空、航天、新能源、生物医药等优势科技有助于中国加大基础研究和应用研究的广度，是我国制造业实现转型升级、补链强链的较强技术来源。

（2）在重点领域及早部署，寻求突破

一是新能源领域。法国具有引领全球议题制定的能力。近年来，法国强化“碳中和”议题设置，打造氢能源体系，形成了“主力厂商 + 设备供应 + 配套服务 + 基础研发”的全产业链生态，全力冲刺新能源领域的发展制高点。中国也作出“2030 年碳达峰、2060 年碳中和”的发展决心，相关产业也在围绕节能减排、绿色发展进行布局和规划，在氢能源被视为技术替代的关键方向上，未来发展将是大势所趋，宜提前筹划中法在氢能源领域的合作。

二是“大科学”领域。航空航天、民用核能等“大科学”基础研究和应用研究是未来决胜“新疆域”的关键所在，中法在相关“大科学”领域的合作进一步加强、补足，将为相关领域科技创新、加快实现突破带来积极促进作用。继续推动在天文（中法天文卫星），空间探索（嫦娥六号、天问一号），对地观测（多普勒无线电定轨定位系统、水循环、空间气候观测平台）以及卫星研发等领域的合作，将合作进一步扩展至月球和火星探测。

三是生物医药。多层次与法国开展生物医药领域合作有助于中国融入全球性医疗研究网络，打通基础研究、临床试验、生物制药上下游产业链条，贯通国内国外两个市场。

（3）多管齐下，探索不同形式的合作渠道

在航空航天领域，一方面加强与法国国家空间研究中心的基础研究合作，在科研领域建设中法航天联合研究机制；另一方面与法国相关企业尝试军民融合项目对接，利用达索集团在华开拓高级公务机市场诉求，尝试在飞机零部件制造领域寻求突破。

在氢能源领域，结合中国应对气候变化、绿色经济发展目标及生态建设的前瞻性部署，为实现“碳中和”做好产业配套，宜尽早起步氢能源制储、设备制造、氢能供给全产业链建设，发展绿氢经济，积极探索与法液空、迈克菲、法国电力集团等工业冠军的商业合作，在绿色技术上对标国际。

在生物医药领域，结合巴斯德等全球顶级研究机构对华合作意愿，考虑在华共建科研中心，加强双边科技人员互访交流，盘活科技合作机制；加强与赛诺菲、施维雅、益普生等国际顶级制药企业的商业合作，充分利用中国庞大的市场优势，“引进来”和“走出去”相结合，调动这些法国企业的合作意愿与积极性。

（四）以数字主权为抓手加强深圳与德国数字合作

1. 德国捍卫数字主权政策的启示

面对数字化浪潮的挑战和中美在数字经济领域的优势地位，德国出于国家与经济安全考虑，将数字主权置于国家治理的优先考量。鉴于在互联网时代全球产业链早已融为一体，德国不追求掌握数字经济的各个环节，实现自给自足，而是致力于利用自身比较优势。一方面完善数字基础设施、发展数字技术，推动欧洲单一数字市场建设，促进数字经济发展；另一方面通过各种手段保障数据与网络安全，确保本国在数字领域不对外过度依赖，捍卫数字主权。

中国在数字经济许多方面走在国际前列，没有与德国类似的危机感，在数字化转型过程中更多关注政治安全和意识形态安全，并于2016年通过《网络安全法》。中美经贸摩擦以来，中国一些高科技企业遭遇“卡脖子”的切肤之痛，数字主权问题逐渐显现，在集中力量进行一些必要的技术攻关的同时，我们也要思考，如何才能更合理地捍卫我们的数字主权，德国的经验能给我们不少启发。

第一，数字经济是未来经济的基本模式，数字主权涉及经济社会的各个方面，要保障国家安全和经济自主权，在捍卫数字主权领域需要充分论证并开放动态的顶层设计。

第二，芯片断供事件，掀起一片“芯片投资热”，但参考德国对数字主权定义，现状只是华为“断芯”，而非中国“断芯”，中国终端用户仍然可以自主选择性能与价格符合自身需求的数字设备，而绝大部分数字设备生产厂家的芯片供货渠道依然可靠。并且，芯片产业研发成本高、更新换代快，中国坐拥庞大数字设备消费市场，芯片制造企业与中国市场存在双向依赖关系。就此而言，开发出有国际竞争力的中高端芯片固然有助于提升中国在全球价值链和供应链地位，但仍须思考：大面积上马各种芯片项目，对于中国捍卫数字主权是否有充分必要？是否符合中国数字经济与数字技术的比较优势？是否会挤压中国数字经济领域有比较优势、有发展潜力的其他方面的资源，从而错过更好的机遇？最重要的问题是：在芯片和其他数字技术领域，捍卫数字主权的边界在哪里？

第三，中国数字经济发展初期监管比较粗放，近年来，开始重视对个人信息与数据的保护，《数据安全法》已经颁布，《个人信息法》预计今年也将出台。尽管《数据安全法》提到要积极开展数据领域国际交流与合作，参与数据安全相关规则和标准的制定，促进数据跨境安全、自由流动，但我们缺乏一个明确的战略与规则框架，Tiktok 在美国的遭遇，使得这一问题导致的被动情形暴露无遗。在全面评估中国数据主权状况的基础上，充分学习和借鉴德国与欧盟捍卫数据主权的模式与经验，形成数据主权中国方案尤为必要。

第四，在网络和移动支付普及的时代，中国仍有近两亿老人无法使用网络，非网民近六亿人，这一“数字鸿沟”是中国进一步发展数字经济的巨大阻力。在不断完善高效安全的数字基础设施的同时，应通过各类形式的教育与培训将更多人纳入数字经济，分享数字经济红利，将阻力转化为我国数字经济持续繁荣的潜力。

2. 以数字主权为抓手加强深德数字合作

尽管新冠肺炎疫情暴发以来，德国对华关系受到价值观因素干扰，在香港国安立法、涉疆、涉藏、人权问题上与中国龃龉增多。但是，从经济结构上看，德国与中国具有较强互补性，利益关系具有相当高的韧性。且当前及未来一段时期，实现经济复苏是德第一要务，对华经贸与科技合作仍受德政府与企业的高度重视。尤其在数字经济领域，德国虽提出数字主权概念，但是在数字技术及应用上相对落后的事实中短期内难以改变。深圳正深入贯彻落实中共中央、国务院关于《支持深圳建设中国特色社会主义先行示范区的意见》《国家数字经济创新发展试验区实施方案》《深圳市建设中国特色社会主义先行示范区的行动方案（2019—2025 年）》等文件精神，抢抓数字经济产业密集创新和高速增长的战略机遇，加快推动数字经济产业创新发展，着力打造国家数字经济创新发展试验区，深德合作仍存在较长窗口期。

第一，探索以适当方式加强深德在数字技术和数字经济领域的合作。未来，依托深德各自的比较优势，双方可着重挖掘“德国制造+深圳数字技术”模式的合作潜力。一方面，可继续吸引德高端制造业企业来深落户，以深圳的数字技术优势为德企的智能生产提供优质软硬件环境；另一方面，尽可能创造良好的制度框架，保证华为等深企参与德5G网络建设（5G外围网合作空间仍较大）和数字化进程，深度参与德本土工业互联网建设和智慧医疗、智能交通等新业态。

第二，加强双方在数据和平台领域的协调与对接。深圳正大力探索完善数据产权和隐私保护机制、支持建设粤港澳大湾区大数据中心、研究论证设立数据交易市场或依托现有交易场所开展数据交易。在粤港澳大湾区大数据中心建设与数据要素市场培育过程中，可兼顾欧盟《通用数据保护条例》相关规定以及欧盟数据共享和接口规范，建立连接中欧的跨境数据融合机制，积极推动中欧之间的数据融通合作，为更为深入和顺利地推进深德乃至深欧数字经济一体化创造良好软硬件环境。

第三，深圳正致力于充分发挥天使投资母基金等基金的作用，引导社会资本加大对数字经济产业的投入，为数字经济企业提供精准融资服务的数字经济产业融资服务平台，而风险投资中短期内仍然是德国融资体系短板。引导德国在深设立创业孵化器，推进深德数字经济发展的同时，也可为深圳社会资本提供更多投资选择。

第四，依托鹏城实验室、人工智能与数字经济广东省实验室（深圳）、粤港澳大湾区数字经济研究院和深圳技术大学等重要研究机构和高校，加强中德在数字技术领域的合作研究，并跟踪德国数字技术与工业4.0进展、内外经济政策走向以及中德经贸关系大局，发掘深德数字经济领域合作机遇，应对不确定性带来的挑战。

（五）深圳与意大利产业合作的建议

近两年，在中美关系紧张持续的背景下，中欧关系趋于复杂，欧盟国家对华关系中的价值观因素正普遍提升。受到来自美国的压力以及欧盟相关政策变化的影响，意大利涉及中国的对外开放政策也出现了新动向。特别是，意大利政府“黄金权力”的不断扩大表明该国的外资政策正在持续收紧。“黄金权力”的前身是“黄金股份”（Golden Share），后者在20世纪90年代意大利国有企业私有化浪潮背景下诞生。2012年，蒙蒂政府通过“黄金权力”政令，代替之前的

“黄金股份”。新政令规定，无论政府是否持有相关企业的股份，只要认定企业行为“严重损害公共利益”，即有权行使特定权力进行干预，包括否决外国企业参股、购买行为等。2014 年，意大利政府明确了受“黄金权力”监管的领域和部门，能源领域包括国家天然气运输网络及相关压缩站和调度中心，运输领域包括重要的跨国铁路网、港口和机场等。2017 年，“黄金权力”扩展到了“技术密集型”产业，包括人工智能、半导体、网络安全、太空技术或核技术等。2019 年 11 月，意大利议会在“黄金权力”政令框架下通过了《国家网络安全法令》，将 5G 纳入监管范围。[①] 2020 年 10 月，意大利政府基于《国家网络安全法令》否决了本国电信企业 Fastweb 与华为签署的 5G 核心网络供应协议，首次以官方名义否决了华为参与其 5G 核心网建设。2021 年 4 月，意大利政府再次行使“黄金权力”，阻止了意大利米兰半导体设备公司 LPE 将其 70% 股份出售给中国深圳创疆投资控股有限公司。

综上所述，在数字领域，得益于华为公司等企业的努力，深圳与意大利已经开展了大量深度合作，但是当前与未来一段时期也面临着新的严峻挑战。相对

① LEGGE 18 novembre 2019, n. 133, Gazzetta Ufficiale della Repubblica, 20 novembre 2019, https: //www. gazzettaufficiale. it/eli/id/2019/11/20/19G00140/sg.

而言，深圳与意大利在制造业领域开展的合作尚有巨大空间可拓展。鉴于意大利长期将追求经济商业利益作为对外关系的核心考量因素，中国应进一步加强与其合作，以期对中欧合作发挥示范与带动效应。深圳可基于此前对意大利合作的成果与经验，进一步深挖与其经贸与产业合作潜力。以下提出几条初步建议：

第一，可考虑适当增加进口“意大利制造”的优质产品。意大利经济高度依赖出口，新冠肺炎疫情又对其北部工业区的中小企业造成严重冲击，深圳可适当增加相关产品进口，一方面可部分满足深圳产业发展与民众生活的高端需求，另一方面也可为深圳与意大利在其他领域开展合作争取主动权。

第二，继续推进与意方在数字经济，特别是5G领域的合作。鼓励已经在意大利广泛开展业务的华为等深圳企业继续站稳脚跟，在尽可能参与该国5G网络建设（5G外围网合作空间仍较大）的同时，深度参与到其本土的工业互联网建设和智慧医疗、智能交通等新业态中去。

第三，可考虑鼓励相关企业到意大利收购优质资产。为缓解公共财政压力，意大利政府提出将在2020—2022年每年至少完成30亿欧元的私有化目标。鉴于近几年该国政界对“国家安全”高度重视，预计本轮私有化不太可能大规模出售优良资产，但是不排除仍会有较优质的投资目标。深圳企业应密切关注其私有化动向，充分权衡目标企业发展前景，必要时及早与相关企业接触，促成投资并购。此外，深圳还可鼓励本地企业密切关注意大利受疫情影响出现资金链断裂风险的优质中小企业，寻找适当投资并购机会。

第四，可考虑以适当方式参与意大利新一轮基建项目。意大利 2020 年 7 月宣布启动名为“高速意大利”的新一轮基础设施建设项目，提出要在未来十年完成或开工 130 个战略性基建项目，其中包括 15 条铁路、9 条高速公路和 12 项水利工程。考虑到现代基建项目是传统工程技术、信息技术、网络技术、节能环保技术的高度集成，涉及的技术与产业门类众多，深圳可依托与意大利有贸易投资往来的企业密切关注意大利基建项目进展，并以适当方式参与其中。

第五，可鼓励在意大利的深圳企业开展针对其地方层面的经济合作与公关工作，以应对复杂多变的意大利政局。意大利的政党制度、议会架构以及选举制度决定了其中央政府更迭频繁，政策延续性较差。然而，值得注意的是，意大利中央和地方关系较为松散，地方（大区、省、市镇）拥有相当大的自主权，大区政府主要负责教育、医疗等公共服务，省、市镇政府则主要负责经济发展、科技文化等工作。未来深圳可鼓励相关企业多在意大利地方层面下功夫，打造地方利益共同体。

第六，可考虑出台相关政策，吸引意大利高端科研人才服务于深圳发展。自 2011 年被卷入欧债危机以来，意大利长期实行严厉的财政紧缩措施，大规模压缩公共科研经费，导致科研人员待遇明显低于其他西欧国家，大批科研人员被迫到美国、德国和英国寻找就业机会。意大利在基础科学和工程领域拥有一大批高素质科研人才，若能通过相关政策将其中一部分吸引到深圳来，对深圳经济发展与促进深圳与意大利科技经济合作将大有裨益。

（六）深圳与中东欧国家合作的建议

鉴于中东欧的地区特色可以为深圳发展和开放提供多重机遇，深圳应广辟渠道，积极参与中国—中东欧国家合作。深圳参与中国—中东欧国家合作的主要方法和途径包括以下几点。

第一，通过地方合作平台融入中国—中东欧国家合作。地方合作机制是深圳参与中国—中东欧国家合作的重要平台和途径。深圳可以通过参加省州长联合会等机制、举办地方领导人会议等方式全面加入中国—中东欧国家合作。

第二，推进互联互通合作，打造经贸合作深度路径。深圳是中国陆海空重要枢纽和对外开放的窗口，可以本着市场原则和需求导向，通过海上运输、开通直航等方式加快融入海陆丝绸之路，巩固同中东欧国家的经贸合作基础。

第三，引导企业到中东欧国家投资兴业，并做好推广。应积极参与国内重要国际博览会，如宁波的中国—中东欧国家投资贸易博览会、上海的进博会等活动，有针对性地与中东欧国家企业建立合作关系，为企业“走出去”牵线搭桥。建立同中东欧国家使领馆的合作与沟通机制，掌握中东欧国家的投资需求和投资合作意愿。

第四，搭建经贸和人文联动合作综合服务平台。依托深圳雄厚的地理优势和良好的经济发展潜力，搭建推动合作的综合性服务平台，比如中国—中东欧国家示范区、产业园、产学研平台建设等。中东欧国家人力资源丰富且素质较高，创新基础好。可扶植本地高校、科研机构加强与中东欧相关教育和学术智库机构的交流与合作，鼓励与中东欧国家联合办学、建立科研机构，吸引更多中东欧国家优秀人才来华工作和生活，真正把中东欧优质创新人才引进来和用起来。

第五，做好城市外交，同中东欧国家开展更“接地气”的工作。中东欧国家都是中小国家，与中国合作缺乏对等性，但与中国开展地方合作可以找到更多的合作对接点。深圳可通过会议、展示、交流等活动，向中东欧国家展示自身优势和特点，吸引中东欧国家，发掘合作资源。例如深圳同捷克、克罗地亚等科技和旅游服务业有一定基础的国家开展合作。深圳有大量华人、华侨往来于中欧之间，深圳应充分利用这一资源，通过在欧华人、华侨建立起与中东欧各领域的合作渠道，打造民间外交与城市外交相促进的格局。

第六，狠抓数字合作和绿色合作，加强产业对接。2020 年 7 月，欧盟通过复苏基金和长期财政预算，重点聚焦绿色和数字经济。中东欧国家也要跟随欧盟发展绿色和数字经济的战略规划，这为深圳企业扩展在中东欧地区业务带来了机遇。中东欧国家地方政府相对稳定而且活跃，对于同中国开展合作具有一定的自主性，应抓住契机，发挥深圳城市功能，推动地方间在上述两个领域的产业对接合作。

参考文献

贺之枭：《欧洲政治：十字路口的欧洲政治》，载吴白乙、周弘、陈新主编《欧洲发展报告（2019—2020）》，社会科学文献出版社 2020 年版。

胡琨：《欧元国际化路径与战略评议——竞争性国际货币体系的视角》，《经济与管理评论》2020 年第 6 期。

孔元：《回应不确定的时代：欧盟“新政”解析》，载吴白乙、周弘、陈新主编《欧洲发展报告（2019—2020）》，社会科学文献出版社 2020 年版。

刘作奎：《大变局下的“中国—中东欧国家合作”》，《国际问题研究》2020 年第 2 期。

刘作奎：《2020 中欧关系的新变化及其前景》，《人民论坛》2020 年第 27 期。

孙彦红：《新产业革命与欧盟新产业战略》，社会科学文献出版社 2019 年版。

吴白乙、霍玉珍、刘作奎主编：《中国—中东欧国家合作进展与评估报告（2012—2020）》，中国社会科学出版社 2020 年版。

谢伏瞻主编：《中国社会科学院国际形势报告 2020》，社会科学文献出版社 2020 年版。

杨成玉：《欧盟复苏计划及其潜在效应》，《现代国际关系》2020 年第 8 期。

吴白乙，法学博士，中国社会科学院欧洲研究所原党委书记、所长，兼任国务院应急管理专家组成员，国务院发展研究中心世界发展研究所、生态经济研究所、中国改革开放论坛、中国战略文化促进会、中国国际战略研究基金会、中国政策科学研究会国家安全政策研究委员会、南京大学华智研究院等机构的常务理事、理事、学术委员会委员、高级研究员。

曾任中国社会科学院欧洲研究所、拉丁美洲研究所、美国研究所副所长、所长。主要研究领域：国际关系理论、全球发展与安全问题、危机管理和中国外交。除主编《面向新时代的中拉关系》（2020）、《共性与差异——中欧伙伴关系评析》（2004）、《20 世纪回顾丛书》（2000），近年还编写和发表了一批中英文专著、研究论文、评论和报告等，主要包括：《变动中的中欧关系及其趋势》（2021）、《变局下的中美欧关系与新型大国外交的发力点》（2021）、《全球治理困境与国家“再现”的最终逻辑》（2021）、《美国对华政策走势与中国的反向塑造》（2020）、《再议影响国际秩序演变的动力与条件》（2020）、《推动国际关系学科创新发展》（2020）、《全球政治趋势与中美关系走向》（2018）、《全球化与“一带一路”视角下中拉发展战略对接》（2017）、《文化外交：历史、现实的审视与思考》（2016）、《转型中的机遇：中拉关系前景的多视角分析》（合著，2013）、《公共外交：中国外交变革的重要一环》（2010）、《对中国与发展中国家政治关系的再思考》（2010）、《中国对美、欧认知的演变》（2009）、《对中国外交重心与周边秩序构建的思考》（2009）、《中国经济外交：与外部接轨的持续转变》（2007/2008）、《欧盟的国际危机管理转变与理论视角》（2007）、《国际规范的道德与现实问题》（2006 年）、《中国在朝鲜半岛的利益与作用》（2006 年）、《中国对“炸馆”事件的危机管理》（2005）等。

刘作奎，历史学博士，中国社会科学院欧洲研究所副所长、创新工程项目首席专家，“百千万人才工程国家级人选”、“有突出贡献中青年专家”，兼任中国—中东欧国家智库交流与合作网络秘书长、中国—中东欧研究院副院长、中国社会科学院希腊中国研究中心执行主任，主要研究领域为中欧关系、欧美关系、中东欧问题以及中国—中东欧国家合作等。曾在德国曼海姆大学、日本青山学院大学、波兰国际事务研究所、拉脱维亚国际事务研究所做访问学者，三次获得院创新工程重大科研成果奖，曾获得院优秀对策信息特等奖和一等奖。共发表学术论文近百篇。